陈延武 著

中国政党制度全景

生活·讀書·新知 三联书店

Copyright ⓒ 2011 by SDX Joint Publishing Company
All Rights Reserved.

本作品版权由生活·读书·新知三联书店所有。
未经许可，不得翻印。

图书在版编目（CIP）数据

万水朝东：中国政党制度全景／陈延武著．—北京：
生活·读书·新知三联书店，2011.7（2020.6重印）
ISBN 978 – 7 – 108 – 03747 – 3

Ⅰ.①万… Ⅱ.①陈… Ⅲ.①政党 – 政治制度 – 中国
Ⅳ.① D665

中国版本图书馆 CIP 数据核字（2011）第 086175 号

本书图片由各民主党派中央提供

责任编辑	关丽峡
封扉设计	罗　洪
责任印制	董　欢

出版发行　生活·讀書·新知三联书店
　　　　　（北京市东城区美术馆东街 22 号）

邮　　编	100010	
网　　址	www.sdxjpc.com	
经　　销	新华书店	
印　　刷	北京隆昌伟业印刷有限公司	
制　　作	北京金舵手图文设计有限公司	
版　　次	2011 年 7 月北京第 1 版	
	2020 年 6 月北京第 9 次印刷	
开　　本	635 毫米 × 965 毫米　1/16　印张 20.25	
字　　数	234 千字	
印　　数	52,001 – 57,000 册	
定　　价	39.80 元	

（印装查询：01064002715；邮购查询：01084010542）

纪　念

中国共产党诞生 90 周年

目　录

引　子

第一章　移植与异化　　1

第二章　顺势与纷争　　25

第三章　分化与觉醒　　65

第四章　凝聚与收获　　95

第五章　成长与憧憬　　157

第六章　挫折与停滞　　203

第七章　拨乱与重启　　219

第八章　继承与创新　　239

第九章　同心与发展　　275

尾　声　　313

引 子

钱塘江潮,倾涛泻浪,奇特卓绝。

1916年9月,中国民主革命的先行者孙中山过此观潮而叹曰:"世界潮流,浩浩荡荡,顺之则昌,逆之则亡。"

在人类文明进步的大潮中,政党留下了深深的烙印。

现代政党是特定阶级、阶层和集团利益的代表。

政党制度伴随着政党的出现而逐步形成,取决于政治发展进程,不以人的主观愿望和主观意志为转移。

中国在沦为半殖民地半封建社会之后,伴随着传统帝国体系的危机、动摇和崩溃,伴随着资本主义生产方式的发展、资产阶级的壮大和西方政党观念的输入,在人民争取民族独立、反帝反封建的斗争过程中,逐渐形成了自己的政党和政党制度。

民国以来百年时间里,中国政党制度历经三嬗。

20世纪初,孙中山发动和领导了辛亥革命,推翻了延续两千多年的封建君主专制制度,建立了中华民国,并效仿西方国家实行议会政治和多党制。但孙中山最终失败,其实践导致了军阀混战。

国民党蒋介石集团顽固坚持一党独裁,从1927年至1949年新中国成立前达22年,最终被历史所抛弃。

1921年成立的中国共产党所领导的革命斗争为中国带来了光明前途。在决定中国命运的历史关头,主要民主党派认清了国、共两党的本质区别,自觉自愿地接受共产党领导,形成了作为国家基本政治制度的中国政党制度,即中国共产党领导的多党合作和政治协商制度。这是历史的选择。

中国政党制度,是共产党领导、多党派合作,共产党执政、多党派参政。

中国政党制度,通过共产党领导的多党合作而不是多党竞争,实现政治协商和民主监督。党际关系和谐,法律地位平等,政治利益一致,目标追求统一。

中国政党制度,全面、深刻地嵌入国家制度之中,同人民代表大会制度相辅相成,并与其他制度一起共同支撑中国的现代国家建设和发展,构成了中国社会主义民主制度的基本框架,是铺就中国特色社会主义道路的重要基石。

中国政党制度的主体,包括执政的中国共产党和参政的八个民主党派:

由原国民党民主派和其他爱国民主人士创建的中国国民党革命委员会(简称民革)。

以从事文化教育以及科学技术工作的高中级知识分子为主要成员的中国民主同盟(简称民盟)。

以经济界人士以及有关专家为主要成员的中国民主建国会(简称民建)。

以从事教育、文化、出版等工作的高中级知识分子为主要成员的中国民主促进会（简称民进）。

以医药卫生界和环境保护、人口资源领域高中级知识分子为主要成员的中国农工民主党（简称农工党）。

以归侨、侨眷中上层人士和有海外关系的代表人士、专家为主要成员的中国致公党（简称致公党）。

以科学技术界高中级知识分子为主要成员的九三学社。

由居住在中国大陆的台湾省人士所组成的台湾民主自治同盟（简称台盟）。

在中国政党制度中，无党派人士是重要的组成部分，是中国政治生活中的一支重要力量。中国共产党在与民主党派团结奋斗的同时，也与无党派人士建立了亲密的合作关系。无党派人士是在中国革命的具体历史条件下形成发展的，是指没有参加任何党派、对社会有积极贡献和一定影响的人士，他们在形式上没有结成党派，但实质上是有党派性的，其主体是知识分子。在新民主主义革命时期，无党无派的知名人士一般被称为社会贤达。

历史承载着国情，历史决定着现状，历史昭示着未来。

中国政党制度的形成和发展雄辩地说明——

中国必须走自己的路，也只能走自己的路。

中国的政治发展道路不仅是理论问题，而且是实践问题。

第一章
移植与异化

1793年9月14日，乾隆在避暑山庄接见各国使节，其他人都对皇帝三跪九叩，唯有英国政府特使乔治·马嘎尔尼是单膝下跪。他曾在日记中这样写道："中华帝国只是一艘破败、疯狂的战船。如果说在已过去的150年间依旧能够航行，以一种貌似强大的外表威慑邻国，那是因为侥幸出了几位能干的船长。一旦碰到一个无能之辈掌舵，一切将分崩离析，朝不保夕。"

　　杨度，天赋超群、学养深厚，其豪情奔放的《湖南少年歌》，曾让少年毛泽东热血沸腾。1902年杨度赴日本留学，认为中国可以仿效日本，走君主立宪道路。1905年与孙中山相识，虽不同意孙中山的武装革命，慨然将湖南同乡黄兴介绍给孙中山。黄兴成了孙中山的得力臂膀，杨度则成了死心塌地的保皇党。1914年冬，袁世凯改行帝制，授意杨度作万余言《君宪救国论》，大肆宣扬只有君主立宪才可救中国。杨度的君主立宪梦想被严酷的事实粉碎后，潜心研究佛学。五四运动中杨度为马克思、列宁的学说所吸引，与李大钊结为挚友。1929年秋，经周恩来介绍、中共中央批准，杨度成为一名秘密共产党员，由夏衍负责联系。杨度在上海利用杜月笙为其提供的洋房，掩护过一些被敌人搜捕的中共高层人士。1930年，杨度为中共中央出版的《红旗日报》亲笔题写报头。周恩来临终前还惦记着杨度的党籍问题。

观察中国政党的兴起，从近代中国开始。

中国曾以自然经济形态、官僚政治制度和家族行会，连同汉代以后独居一尊的儒术，汇成世界上最为完备、成熟的封建制度，自踞一方，与世无争。

直至有一天，中国由于西方列强的入侵被迫加入世界现代化潮流。

1840年，英国侵略者凭借25条军舰、一万余名步兵向中国发动了鸦片战争，轰开了妄自尊大的封建帝国的大门，把颠顶无能的清王朝拉进了世界政治的旋涡。曾经骁勇善战的八旗兵、绿营兵，在英军进攻面前成了惊弓之鸟。中华帝国的精英们震惊了，湘军的著名领袖胡林翼看到江上急速飞驰的英国战舰，惊恐得差点从马上摔下来。

1842年8月29日，清政府在英军的炮口下，被迫签订了丧权辱国的《南京条约》。这时，蜷缩在封建制度外壳中的中国，同处于轰轰烈烈工业革命阶段的英国相比，已经不堪一击。

随后，美帝国主义派全权大使乘军舰到广州，草木皆兵的清政府急忙与其签订了《望厦条约》；法国侵略者来到广州海面示威，宣称将北上攻击舟山群岛，慌乱之中，道光帝签下了《黄埔条约》。柏杨在《中国人史纲》中写道："一些中国曾经听说过，或从没有听说过的弹丸小国，在过去就是前来进贡也不够资格的，现在排队而来。"就是这些弹丸小国，构成了强大的欧洲帝国主义阵营。于是，葡萄牙、西班牙、比利时、普鲁士（德国）、奥匈帝国、意大利、荷兰、丹麦和瑞典等等，一一和清政府签订了条约，而且均享有和《南京条约》中英国人一样的特权。1849年，葡萄牙驱逐了清政府在澳门的官吏，停付租金，公然强占了澳门。

军事上屡战屡败，外交上事事退让，丧权辱国，割地赔款，接连不断，掏空了中国的政治主权与经济利益，彻底暴露了清政府的腐朽无能和封建帝国的空前危机。

澳门一家报纸当时评论："中国之装备，为普天之下至软弱的极不中用之武备，其所行为之事，亦如纸上说谎而已。国中之兵，说有70万之众，未必有1000人合用。"

古老的农耕文明遭遇了上升的工业文明，中国封建社会的自给自足优势在鸦片战争中损失殆尽。从此，中国由独立的封建国家逐步沦为半殖民地半封建的国家，中国人由辉煌的顶峰走向了受尽凌辱的百年曲折。

帝国主义列强们绝没有想到，就是这无情的叩击，惊醒了东方的睡狮。

洪秀全领导的太平天国运动，借用了基督教的上帝，藐视清廷权威，掀翻半个中国，团结千百万人为之牺牲，乃至建都立国，颁制定纲，从1851年到1864年历时13年，势力发展到18省，先后攻取600多座城市，燎原之势已就。不料功败垂成，本该给在两次鸦片战争中惨败的内外交困的清王朝以致命的一击，却反被镇压。

中国古代农民运动的一大悲剧，就是在取得胜利或暂时胜利后建立起来的社会制度和社会秩序，只不过是被推翻或要推翻的旧政权的翻版，历史仿佛回到了原点，开始又一轮循环。太平天国纵然有众多的天才将领和奋不顾身的士卒，也不能挽救其失败的命运，正是准确的验证。

但太平天国运动迎合了时代潮流和民众意愿，毛泽东认为洪

□ 万水朝东

李鸿章

曾国藩

秀全是代表了鸦片战争失败后、中国共产党出世以前向西方寻找真理的一派人物。

太平天国领导人洪仁玕在《资政新篇》一书中，提出仿效西方资本主义国家、改革内政和建设国家的主张，这在农民战争中前所未有，反映了鸦片战争以后一部分先进的中国人发展资本主义的愿望。

在中国士大夫阶层中，也不乏有识之士翻然思改革、倡维新、图自强，以洋务运动第一次正面应对挑战。

英美在华传教士通过1868年9月创办的中文报刊《万国公报》对中国人的观察得出结论：中国人的最大特征就是注重学问以及所树立的荣誉，中国人的英雄不是武士和政治家，而是学者。能对整个中国产生影响的是士大夫。

曾国藩、左宗棠、李鸿章等一批中央和地方官员从天朝"天下中心"的梦境中醒过来，把西方列强的挑战看做是"中国数千年未有之大变局"，认定中国屡败的原因在于武备不修，器物不如洋人，于是通过效仿洋人来增强自己的自卫能力。

这是中国在与西方文明发生冲撞惨败后的无奈之举。慈禧太后首先定下的"四个不能变"——三纲五常不能变、祖宗之法不能变、大清朝统治不能变、最高皇权不能变，更揭示出这一运动无法取得成功的玄机。

尽管如此，追求富强和现代化的洋务运动，还是创造了许多中国第一：建起了第一批机器生产的兵工厂、造船厂、纺织厂、钢铁厂和煤矿、铁矿场，创办了第一家轮船公司，铺设了第一条铁路，架设了第一条电线，建立了第一支海军舰队，开设了第一批外语、科技学校，派遣了第一批留美、留欧学生，翻译了第一批科技书籍，培养了中国近代第一代科技人才，造就了中国第一代产业工人，产生了第一批从地主、官僚、买办商人转化来的近代民族资产阶级。

中国民族资本主义工业的兴起，催生了资产阶级，也发展了无产阶级。这两大阶级一旦登上政治舞台，将为中国社会裂变注入原动力。

民族资本和民族资产阶级的形成，为西方政党学说的传播和中国资产阶级政党的产生提供了条件。

经过30年的洋务运动，经济实力的突然增长使那时的中国人产生了忘乎所以的虚骄。然而经过一场并不太大的军事冲突，中华帝国重演了半个世纪之前的悲剧，竟然轻而易举地败给东邻小国日本。

日本在过去一千多年中始终是中国最忠实的学生，近代西方势力东来之后，突然转身向西，脱亚入欧，经过不到30年的发展，在远东建立了一个西方式的国家。

1894年7月，1116名清军官兵搭乘租用的英国商船"高升"号前往朝鲜平乱，在黄海遭遇日本战舰不宣而战被击沉，871人葬身海底。6天后中日互相宣战，甲午战争开始。清政府苦心经营十几年、耗巨资建成的北洋舰队被打得全军覆没。中国不得不过早地与日本摊牌，割让宝岛台湾、澎湖，巨额赔款，不仅财政元气大伤，也给帝国主义列强壮了贼胆。这样的奇耻大辱，给每一个中国人提出了尖锐而迫切的问题：如何救亡图存？

甲午战争宣告了洋务运动的破产。许多有识之士以为，学习西方的技术是末，学习西方的政治制度为本，于是开始了宣传和模仿。

1895年后，激进与保守、鲁莽与稳健，成为国内政治路线的一个重要分野。上自朝廷，下至百官，看法各异。在以康有为、梁启超、谭嗣同为代表的底层知识分子鼓动下，光绪皇帝于1898年6月11日颁布《定国是诏》，实行政治、经济、军事、文化各方面改革，戊戌变法自这一天开始。然而，寄希望于手无实权的

第一章 移植与异化

梁启超

皇帝发布命令,改革温和而不彻底,反而触怒了以慈禧太后为首的封建顽固派。谭嗣同、杨锐、林旭、刘光第、杨深秀、康广仁"六君子"被捕入狱,并于当年9月28日在北京菜市口英勇就义。可悲的是,"六君子"上刑场时,老百姓并没有报以同情,而是拿着菜帮子往谭嗣同脸上扔,图强革新在传统的中国社会举步维艰。

1897年,梁启超在名文《过渡时代论》中,将19世纪末、20世纪初的中国总结为"过渡时代":"在政治上民众愤慨专制,却无法组织出更好的政体;学问上学者鄙视考据词章,却不能建立起新学术而代之;风俗上社会普遍厌弃三纲五常,却开不出被普遍认可的新道德。"面临政治、思想和文化等方面的多重危机,部分知识分子苦闷、彷徨,自杀或暗杀持续不绝。陈天华"以身投东海,为诸君之纪念",吴樾携炸弹截击出洋考察的五大臣,秋瑾英勇就义,梁济(梁漱溟之父)在北京积水潭投水自尽。牺牲身体成了介入社会变革最直接的方式,激起民众普遍的爱国心和同情心,对清王朝的灭亡起到了不可忽视的推动作用。

一切都爆发在1900年盛夏的那场事变。义和团运动失败。八国联军直捣北京,签订了《辛丑条约》,获得空前的4.5亿两白银赔款。八国联军军官在慈禧太后的寝宫里,哀叹世界上仅存的文明如今也消失了。

巨变总是突如其来。一场全国性的革命风暴开始酝酿。

然而,探索并非总是向正确的方向进展。

进步的和爱国的知识分子,忧国家之危亡,愤朝政之腐败,在固有的知识体系中又找不到抵御西方思想入侵的资源,陷入了沉重的焦虑和危机感中,最终产生了一个普遍的误解,认为日本自学习西方后,短时间内就实现了富国强兵;而日本之所以在1905年日俄战争中打败俄国,是因为立宪政治打败了专制政治,因此中国要富强必须仿日立宪。于是,群趋东渡日本留学。

中国文明传统既不喜欢主动向外传教,也不积极外出求学。但1905年废除科举制,士人从此丧失进身之阶,胡适在当时坦言,剩下"唯有出洋留学一途"。

然而,历史和中国人开了一个玩笑。日本并不是真正的立宪,立宪只是文饰其开明专制的一个符号,日本人自己都说他们是"伪立宪的开明专制"。中国人从学日本钦定立宪起,却不自觉地走向了英国的分权立宪。这种立宪模式是权力分散、地方自治,结果使得大量的士绅阶层突然地通过立宪而涌入政治场所,专制下压抑多年的政治诉求短时间内在合法的平台上释放出来,造成了政治参与的极度膨胀与混乱。

停滞、衰败的趋势居于支配地位,中国人为救亡图存而进行的探索和努力屡屡失败,帝国主义的狂妄野心和步步紧逼,使陷入苦难的中华民族走到了绝望的境地，一个个可怕的阴影笼罩在每个爱国者的心头。

一个腐朽的政权是无力自我改革的，必须推翻它才能为社会变革打通道路。

戊戌变法前后，因救亡态度不同，中国资产阶级分为两个政治派别。孙中山是资产阶级革命派的领袖和思想家，先后组织了兴中会、华兴会、光复会；康有为是清末改良派领袖和思想家，先后组织了强学会、南学会、保国会，均显出政党的雏形。

不同的阶级和政派逐渐以政党的形式，相继在同一空间登场，从经济、政治、教育、文化各个方面提出了改良的乃至革命的主张，演绎着中国近代波澜壮阔的社会革命变动，直至推进到了辛亥革命。

"先行者"孙中山，有着不同流俗的情怀。他一生致力于"中国之自由平等"，28岁不远万里上书李鸿章痛陈救国方略，提出"人能尽其才，地能尽其利，物能尽其用，货能畅其流"的主张。他作为伟大的民主主义革命家的地位，今天已经得到举世公认。

1945年4月25日，毛泽东在中共"七大"口头报告中说："孙中山这位先生，要把他讲完全，我们是马克思主义者，是讲历史辩证法的。孙中山的确做过些好事，说过些好话，我在报告里尽量把这些好东西抓出来了，这是我们应该抓住死也不放的，还要交给我们的儿子、孙子。"

孙中山小时候听了太平军战士冯爽观讲的太平天国的故事后，立志要成为"洪秀全第二"。他从创办兴中会开始走上革命道路，历经组织中国同盟会、国民党、中华革命党，直到中国国民党改组；从始终不渝地建设一个革命党，到构想实行两党制，再到效法俄国一党制"以党治国"，不断进行探索。在同辈的革命者中，孙中山对政党发展最为注重、贡献最多，也最有成效。

中国历史上曾有过无数次起义斗争和政治变革。有组织的势力为发展壮大力量，有的依靠民族的凝聚力，有的依赖宗教的感染力，有的借助首领的号召力，几次较大规模的农民战争，都伴有明确的政治目的和行动方案。但是，真正依靠有明确的政治纲领、完善的组织机构的全国性政党发动群众、团结群众，领导革命斗争走向胜利，是辛亥革命前由孙中山领导的资产阶级革命派首创的。

孙中山初起将自己的行为定义为"造反"，后来受到《易经》中"汤武革命，顺乎天而应乎人"的启示，改以"革命"相号召，并自称"革命党"。清军甲午战争惨败，举国震动，而慈禧太后为庆祝60大寿，竟置国家安危于不顾，挪用海军军费大修颐和园。孙中山进一步认识到清政府已腐朽透顶，依托封建官僚改造中国的目的实现不了，"和平之方法，无可复施"。孙中山原本"一个人的革命"最终成为一个民族的自觉和统一行动。

1908年之前，孙中山领导多次武装起义，社会参与者广泛，有知识分子、工商界人士、军人，有官僚、立宪派人士，还有华侨，不少是太平天国将士的后代，但以会党居多。

会党是明末清初以反清复明为宗旨的民间秘密结社的总称。革命党与会党政治目标相接近，一拍即合。会党的宗旨是"反清复明"，革命党人则以"驱除鞑虏，恢复中华"为口号，尽管他们对"复明"并不以为然，但同样是要推翻"异族的统治"。

革命党与会党的渊源起于同盟会成立之前。革命党人未能认识到农民是中国革命的主要动力，更没有找到发动农民的办法，为了实现革命成功，孙中山创建了以全国性革命政党领导武装斗

第一章 移植与异化

《民报》创刊号及孙中山撰写的发刊词

争的模式。一开始即与会党结下不解之缘，似乎是历史的必然选择。革命党人先后发动了5次起义，均借用会党力量，多由黄兴秘密联系。

孙中山在国内依靠的革命力量主要是会党，在海外则依靠洪门会党致公堂，这是中国致公党的前身。

孙中山著名的《三民主义》发表于1905年11月中国同盟会总部的机关报《民报》创刊号，在民族主义第三讲中指出："会党中有民族思想的，只有洪门会党。"而在洪门会党中，当数致公堂为"势力至大，人才至众，章程最善，财力最厚之大会党"。以美洲而言，"华侨列名于致公堂的十之八九"。与一般的群众社团不同，会党成员是通过民间的秘密结社而联系起来的有组织的群众，具有"守秘序、重然诺"的特点，"并尤能遵从领袖的号召"。当时的致公堂已经成为关心国内政治和前途的一个准政治社团，不只是一般意义的会党。

1903年冬，孙中山听从其舅父杨文纳建议，经洪门前辈钟水

13

养介绍，于1904年1月在檀香山加入致公堂，并在当地国安会馆举行的入闱仪式上被封为"洪棍"（主管纪律的高级职务），被洪门中人尊为"孙大哥"，从此迈出了领导和改造洪门会党的关键一步，也迈出了改变其人生道路的关键一步。正是这一步，决定了孙中山不可能走中国士大夫科考入仕、忠君报国的老路，而是另辟蹊径走以民主科学振兴祖国之新路。如果没有这一步，就不会有孙中山作为中国民主革命先行者伟大而光辉的一生。

1904年5月，孙中山受致公堂委托，起草了《致公堂重订新章要义》和新章程80条，规定致公堂的宗旨为"驱除鞑虏，恢复中华，创立民国，平均地权"，这与1894年11月孙中山在檀香山成立的兴中会的政纲完全一致。在波士顿，孙中山会见了当地致公堂领袖司徒美堂，同住了5个月，向他宣传在中国进行革命的道理。孙中山在洪门致公堂中播下了革命的种子，推动了日后致公堂由堂改党，而且教育了整整一代华侨，为中国致公党在海外的诞生作了重要的准备。

孙中山认为中国数千年的文明与政治到了近代日渐退步，乃因缺乏良党所致，为了"招集同志，合成大团"，集中革命力量，1905年7月，孙中山在日本东京与黄兴、宋教仁、李书城、汪精卫等人协商，把兴中会、华兴会、光复会等革命小团体联合成"中国同盟会"，确定"驱除鞑虏，恢复中华，建立民国，平均地权"为政治纲领。这是中国第一个全国性的资产阶级政党，也是中国第一个近代政党。有趣的是，握手礼是同盟会的一种联络方式，随着孙中山领导的革命运动的广泛开展，逐渐在中国得到普及。

1909年11月，孙中山第三次赴美，在纽约、芝加哥等许多城市建立同盟会分会，旧金山同盟会成为美国同盟会总部。限于美国移民条例，同盟会难以开展活动，革命工作几乎全部附属于旧

第一章　移植与异化

1914年7月，孙中山在旧金山成立中华革命军筹饷局时和海外人士合影。

金山美洲洪门致公堂。为了把致公堂改造成革命组织，1911年孙中山在旧金山建议同盟会员一律加入致公堂。

　　在同盟会与致公堂两个组织联合的基础上，孙中山号召海内外同志"欲各尽所能，以相有济。内地同志舍命，海外同志出财"，成立了中华革命军筹饷局，募集革命款项。华侨热爱祖国，期盼祖国走向民主和富强，成为孙中山的强大后援，为辛亥革命铺平了道路。孙中山曾由衷赞叹"华侨为革命之母"。

　　革命政党在不断成熟，革命思潮更加深入人心。
　　1911年10月9日下午3点，革命党人在汉口不慎引爆炸药。同时，"清政府正在捉拿没有辫子的革命党人"的恐惧开始在新军中蔓延。情急之下，革命党决定发动起义。10月10日（干支纪年辛亥年八月十九日），清武昌工程营正兵程正瀛打响了武昌起义"第一枪"，革命党策动了湖北新军起义，次日布告天下——

15

中华民国军政府鄂军都督府成立,九角十八星铁血旗取代黄龙旗,飘扬在武昌城头。

随后,各地革命党人纷纷趁势举行起义,湖南、湖北、陕西、江西、山西、云南、上海、江苏、贵州、安徽、浙江、广西、广东、福建、四川相继宣告脱离清政府独立,武昌起义和各地的响应,形成了全国规模轰轰烈烈的辛亥革命,为建立一个资产阶级民主共和国奠定了基础。

辛亥革命结束了华夏大地上历时两千多年的封建王朝专制统治,开启了中国由帝制转向共和、由天下为私转向天下为公的历史阶段,是现代中国民族国家真正重建的开始,是中国人民为改变自己命运而奋起革命的一个伟大里程碑,是一次根本性的社会大变革。

空前的民主气象,竞办实业的浪潮,形成了生机勃勃的局面。国体改变了,政体改变了,民主共和的理想就要实现了;辫子剪掉了,服饰改换了;龙旗扔掉了,五色旗飘起来了!中国在政治、经济、思想文化、社会风俗等方面发生了根本性的变化。更为重要的是,辛亥革命唤起了民众的进步意识,大批热血青年踊跃加入革命党派,中华大地呈现出一片生机盎然的景象。

中国发生这样一个历史性的大变革表明,在以孙中山为代表的资产阶级革命民主派领导的辛亥革命过程中,革命政党的建立,大大促进了中国人民的民主觉悟。

历代封建社会的统治者极端仇视各类党派团体,就连古汉语中的"党"字也常含贬义。建立党派叫做"勾结朋党"、"结党营私",各类党派统统被称为"狐朋狗党"、"贼人乱党",就是封疆大吏、公侯重臣也没有结社的自由权利,政党根本没有合法产生和存在的可能。

以孙中山为代表的革命党，冲破封建枷锁，在中国历史上第一次建立了革命政党，实现了以政党为领导核心的革命斗争。同时不断扩大政党的作用，使革命政党成为中国革命的主力军和先锋队，成为革命政权中的主要成分。

以政党推翻腐朽统治，以政党促进革命事业，以政党领导统一国家，成为孙中山政党政治思想各个阶段的重要组成部分。孙中山缔造和发展了中国资产阶级革命政党，辛亥革命锻炼和培养了中国资产阶级革命政党。

辛亥革命的目标，刻意模仿美国，要建立美国式的政治架构；辛亥革命的手段，刻意模仿120多年前的法国大革命，要以暴力手段打碎一个旧世界，建设一个新世界。

然而，辛亥革命未能完成它的全部目的。虽然破了封建君主专制之旧，却没能立现代民主国家之新，致使半殖民地半封建的社会性质依然如故。长达两千余年的世界最顽固的封建主义势力在帝国主义帮助下坚决与革命为敌，千方百计阻挠国家的民主和统一。

辛亥革命的余波在荡漾，革命党人在中央和地方仍握有一定的权力，责任内阁制与立法、行政、司法三权分立的制度刚刚实行，舆论开放，思想活跃。社会各阶级、阶层和各种政治集团的代表人物及众多的政客，热血沸腾，利用辛亥革命后客观上形成的民主空气，写文章、办刊物，开展思想鼓动，设计治国良策，培养革新人才。

辛亥革命之后的国家建设实践催生了中国最初的政党制度。随着西方近代民主思想进入中国，饱受封建专制之苦和满怀民族命运焦虑的有识之士，隐隐感到中国正在获得一个实行西方式政党政治、建立强大的资产阶级民主共和国的大好时机。他们首先想到的是实行多党制，建立一个有权的议会，在议会中取得多数的政党就可以控制政府或当权者，推行资产阶级的民主政治。

名目繁多的政党、政团纷纷宣告成立，五花八门的政纲和主义充斥政坛，仿佛表明中国正走向一个以政党为主导的政党政治的新时代。

1913年5月出版的《国是》第1期《民国一年来之政党》一文描述"集会结社，犹如疯狂，而政党之名，如春草怒生，为数几至近百"。据统计，从1911年上半年中国首批合法政党宪政实进会、政学会、宪友会、辛亥俱乐部相继成立开始，到1913年年底政党蜕变消散为止，号称党、团、会、社的新兴团体共达682个，其中基本具备政党性质的团体就有312个。1912年8月，同盟会与统一共和党、国民公党、国民共进会、共和实进会四个小党合并，改组为中国国民党。

在这期间，政党要么以肩负领导革命、推翻专制、创建共和的使命出现，要么以响应共和、参与议会选举的名义出现，志向不同、层次不一；在这期间政党虽多，但有一定政治影响的不过十几个，多半为利益驱动，而非主义与信仰结合。围绕权利分配，相互渗透，相互影响，经过一轮接一轮的分化组合，到了1913年的夏天，具有影响议会左右政局实力的只剩下孙中山、宋教仁、黄克强领导的国民党，梁启超、汤化龙领导的进步党，加上袁世凯卵翼之北洋军阀官僚集团，被时论称为"三大势力"。

那时，中国的政治经常处于一种二元分立态势：中西之争、新旧之争、南北之争、文武之争，来也匆匆，去也匆匆！"朝进党而暮脱党，暮进党又朝脱党，朝秦暮楚，一人一日数变，恬不为怪，党德政德荡然无存。"美国学者任达在《新政革命与日本·中国，1898—1912》中写道："如果把1910年和1898年年初相比，人们发现，在思想和体制两大领域都明显地彼此脱离，而且越离越远。"

1912年2月12日，隆裕太后颁布清帝退位诏书，束缚中国长达两千多年之久的皇权专制寿终正寝。怀抱理想而又缺乏实际从政经验的孙中山唯恐同袁世凯斗争"招外人干涉"，影响外国政府对共和国的外交承认，为维持社会稳定、实现和平过渡，第二天就实现承诺辞职，并推举袁世凯为民国临时大总统。

四国银行团、五国银行团、六国银行团当时在中国非常活跃，帝国主义势力利用资本输出不费兵刃地影响中国革命的进程。袁世凯篡夺革命果实，在很大程度上带有帝国主义影响中国政治的痕迹。

1912年冬，刚刚成立一年多的中华民国举行了中华民族历史上第一次国会选举。国民党以压倒多数取胜，成为国会中第一大党，骄态毕露，急于夺权。

这一选举结果，是以推翻清帝功臣自居的袁世凯断然不能接受的，他要把政党政治的稚嫩生命扼杀在摇篮之中。

袁世凯破坏政党政治游戏规则，采取了混合内阁，分裂分化国民党。混合内阁操作非常困难，国会中多数议员又是国民党，内阁危机不断出现，民主政治成了一个党争的场所。章太炎对此有清晰的认识，称此是"横取他国之法，强势本土"。

黄远庸（远生）是民国初年和梁启超、章太炎齐名的舆论界领袖，所写专栏"远生通讯"见解新颖，切中时弊，在当时政界影响极大，被时人称为"总统府之都察院"。清末曾与友人创"宪友会"，民国成立，隶共和党，他曾撰《对于三大势力之警告》一文，奉告袁世凯"勿专从操纵政党上着想"，告诫国民党"勿专从对待袁氏个人着想"，希望进步党"勿专从对待国民党着

□ 万水朝东

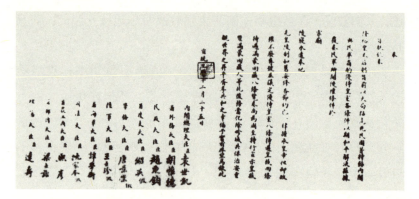

清隆裕太后颁布的清帝退位诏书

袁世凯

想"，而是大众齐心一致，"各自殉其所信以尽瘁焉，各自输其诚以相容纳焉，则国步庶有几希之幸耳"。他严词抨击"以权势小利诱人入党"、"非其党者不得任官"等扩张党势之种种手段并公之于众。1915年黄远庸远避美国，被国民党美洲总支部的刺客狙杀于旧金山都坂街上海楼菜馆，年仅31岁。他是民初以来因文字贾祸而丧命的第一人，凸显民初党争之下暴力手段已逾越法律和理性的约束，一时舆论大哗。

1913年3月，正当孙中山在日本考察铁路的时候，32岁的国民党代理理事长宋教仁奉袁世凯电召"赴京会商要政"，3月20日晚在上海沪宁火车站乘车时被袁世凯派人暗杀。

孙中山和革命党人为血的教训所惊醒，看清了袁世凯的反动嘴脸，看到了理想的政党政治的框架与残酷的政治现实之间的沟壑，组织力量发动"二次革命"，终因寡不敌众失败了。

历史在呐喊与鲜血中蹒跚而行，有识之士对此深感忧虑。

共和政体使新生的民国四分五裂，财政问题、蒙藏问题内外相逼，外国政府也不予承认，拖延下去，实难维持，消弭党祸的机会来了。经过一年多策划，在热心帝制的幕僚和一些别有用心的外国人的怂恿下，袁世凯强令解散国会，废弃《临时约法》，称孤道寡，最终砸碎了"中华民国"这块空招牌，做起了洪宪皇帝，建立了独裁政治，人们希冀的共和被他的皇帝梦踩到了历史的深渊。

客观现实是无情的。民国初年的中国，资本主义经济虽有发展，但不足以与外国资本和本国的封建势力抗衡，反而依赖严重，无法形成推行政党政治可靠的经济保障；长期的封建专制统治和文化教育水平落后，国民政治素质低下，没有形成一种广大民众及各派政治势力广泛的政治认同，无法形成推行政党政治的强大的舆论力量；除了革命党人和立宪派，各政党依附于旧官僚、政客与士绅，游离于其所代表的阶级、阶层之外，口口声声以国利民福为宗旨，却不关心民众的疾苦，不了解民众的愿望，不听取民众的呼声，只顾海阔天空地清谈，无法形成推行政党政治的民众基础和阶级基础。这一切，也从根本上决定了中国民族资产阶级在政治上的软弱性和妥协性。

民国初年冒出的300多个党派和团体，脱离了历史主题，消耗了进步力量，当政治环境变化之后，在袁世凯的高压之下，毫无抵抗能力。尝试移植西方国家实行议会政治和多党制，结果水土不服，不出六年，就在中外各种反动势力的冲击下烟消云散。

试图在政治舞台上大显身手的资产阶级革命派们彻底失望了。得来颇费工夫，散去如付流水。

革命没有想象的那么彻底，也没有期望的那么美妙。宪政民主昙花一现。

辛亥革命所建立起来的民主共和制度完全被破坏，革命党的斗争遇到了空前的危机。孙中山不得不承认："中国几千年来社会上的民情风土习惯，和欧美的大不相同。中国的社会性质和欧美的不同，所以管理社会的政治自然也是和欧美的不同，不能完全仿效欧美。"

从思想信仰、历史传承至政治权谋、行事方式，袁世凯与孙中山都有太多的区别，孙中山在民国初年所表现的理想主义精神与包容宽厚做派，实不敌袁世凯的心狠手辣与机变手腕。鲁迅感慨这是革命党人没杀尽敌人，留下了后患。

辛亥革命的成果被篡夺后，孙中山被迫前往日本，并于1914年7月在东京成立中华革命党。同年11月，孙中山以洪门成员身份，也以中华革命党领袖身份，要求各埠洪门对外联络名义仍然照旧，但"其内部则一律按照总章、通则，改组中华革命党支部，

第一章 移植与异化

1925年10月，在旧金山举行的五洲洪门第四次恳亲大会发表告洪门全体书，宣布成立中国致公党。

以免消息隔阂，而收指臂相助之妙用"。这是孙中山对洪门会党改造的一个重要历史转折，并为1925年中国致公党的建立奠定了组织基础。

1925年10月10日，五洲洪门第四次恳亲会在旧金山召开，决定以洪门致公堂为基础，组织华侨政党，定名为中国致公党；通过《中国致公党党纲》，选举陈炯明、唐继尧为党的正副总理。这次恳亲会实际上是中国致公党第一次代表大会。10月10日正是辛亥革命纪念日，中国致公党选择这一天成立用意深刻。洪门会党改堂为党，党名"致公"，表明党所追求的政治思想，与孙中山孜孜以求在中国和全世界建立"天下为公"的大同世界的最高社会理想一脉相承。

中国致公党是中国现有的八个民主党派中第一个诞生的现代政党。

袁世凯称帝，企图恢复帝制，云南都督一声炮响又把袁轰下了台，从此中国进入了北洋政府群雄争霸时代。袁世凯去世后，北洋集团分裂，没有一位权威人物能统驭全局，任何一个有实力的军阀都敢挑战中央政府的权威。在武力胁迫下，黎元洪、段祺瑞、冯国璋、吴佩孚像走马灯似地轮番登台亮相，演出了一幕幕滑稽闹剧，中华民国实际上已陷入无政府状态。

在此形势下，北方各派系中有实力的军阀，都在尝试用武力统一中国。社会失序，天下大乱，军阀混战，中国处在一种碎片化状态。正如当时报纸评论所言，"袁氏固自食其果，身死名裂，而国民、进步两党亦两败俱伤，遂致酿成南北大小军阀累年混战不休，越三十余载之久"。

孙中山和革命党人顽强地坚持资产阶级革命立场，继续发展以革命政党为主要力量的革命斗争。孙中山在广州另立政府，自任"大元帅"，高举"护法"大旗，依靠军阀，纵横捭阖，唤起了全国军民讨伐复辟的热情，延续了中国民主革命命脉。但蹉跎十载，屡战屡败。孙中山感叹"无量头颅无量血，可怜购得假共和"，陷入了深深的忧虑和苦闷之中，不知何去何从才能实现他梦寐以求的三民主义。

历史就是这样走过来的，喜剧式的开场有可能导致悲剧式的结局，可又有谁能操纵历史的走向呢？

从政党政治代替王朝政治、政党制度开始学步起，就提醒人们：一个国家实行怎样的政党制度，不取决于任何政党和个人的主观愿望，它是历史的过程，由各国客观存在的历史条件和现实发展状况决定，必须适合本国国情、民族特点、文化传统。资产阶级的民主政治在中国没有发展前途。

许多有识之士如张澜、沈钧儒、黄炎培、马叙伦、许德珩等，追求救国救民真理，立志匡扶社稷，投身民主革命，作为这段历史的亲历者，他们的经历和反省、焦灼和希望，为民主党派的产生与发展奠定了思想基础。

第二章
顺势与纷争

1924年5月30日,《中国晚报》社长沈卓吾为孙中山留下了珍贵的录音。录音共六段,第一段即《勉励国民第一》。孙中山用普通话讲道:"我们知道中国几千年来,是世界上头等的强国。我们的文明进步,比各国都是领先的。……为什么我们以前顶强的国家,现在变成这个地步呢?这就是中国,我们近来几百年,我们国民睡觉了!我们睡觉了,不知道世界各国进步的地方。……因为睡觉了,所以我们这几百年来文明退步,政治堕落,变成现在不得了的局面。我们中国人,在今天应该要知道我们现在的地步,要赶快想想法子怎样来挽救。那么,我们中国还可以有得救,不然,中国就要成为亡国灭种的地位。大家要醒!醒!醒!醒!"

1925年,毛泽东在《沁园春·长沙》诗词中,响亮地提出了"问苍茫大地,谁主沉浮?"

1926年,蒋介石与黄埔军校的苏联军事顾问们谈了一次话,蒋介石说:现在中国革命有两个党,一个是中国国民党,一个是中国共产党,革命只能有一个司令部。因此,所有参加国民党的共产党员都应该退出共产党,做一个单纯的国民党员。

□ 万水朝东

器物和制度的变革没有换来一个现代化。

民国的创立者以其美好理想引入西式民主,是近代中国历史上特定情境下罕有个案,虽普及了民主观念,实践了民主操作,但中国民族资产阶级天生的软弱性和妥协性,社会丕变时期人心思定带来的改革阻力,以及帝国主义的干涉,使得资产阶级政权一开始就陷入重重危机之中。

传统中国虽然被巨大的惰性力量所左右,却并非一潭死水。

观念革命造就了人的更新。

1915年《甲寅》杂志将胡适像明星般推出,章士钊称"胡适

陈独秀

少年英才,中西之学俱粹"。胡适在《非留学》的文章中称,"适以今日无海军无陆军犹非一国之耻,独至神州之大,无一大学,乃真祖国莫大之辱。而今最重要之先务也,一国无地可为高等学问授受之所,则固有文明日即沦亡,而输入之文明亦扞格不适用,以其未经国人之锻炼也"。

中共的创建人和早期领袖、亲身参与了从辛亥革命到抗日战争几乎所有重大事件的陈独秀,多次向好友、民革的创始人之一朱蕴山等人表示:辛亥革命虽然缔造了中华民国,但有名无实,只有从文化入手,进行一次思想文化革命,将反对共和政治的旧思想洗刷干净,才能实行真正的共和政治。在中国要进行变革,"必须改变人的思想,要改变思想,须办杂志"。

陈独秀毕生热衷办报,付出了极大精力。1915年9月,创办《青年》杂志(后改为《新青年》),希冀用民主和科学重塑中国文化,并由此改变中国人的价值观念。《新青年》成为中国共产党机关刊物后,风行国中,激起思想革命的火花。陈独秀也因此成为青年导师,成为妇孺皆知的新派人物的领袖。

1920年12月,陈独秀应孙中山邀请出任广东省教育委员会委员长。1921年10月,已任中共中央总书记的陈独秀被捕,孙中山随即打电报给上海的法国领事进行斡旋,国民党要人褚辅成、张继出面将陈独秀保释出狱,由汪精卫办理了结案手续。

陈独秀是近代中国第一个真正"用头立地"的思想伟人,正是他号召全民族都应该进入一个"用头立地"的伟大时代!毛泽东说过,中国要现代化,就不能数典忘祖,陈独秀是为中国的现代化最先起来奔走呼号者之一。

激荡旧中国的思想文化革命,由陈独秀和《新青年》以文学革命为突破口,为辛亥革命后黯然的中国天空刺开了一道裂缝,让新世纪的曙光投向这块古老的土地。

□ 万水朝东

《新青年》的创办拉开了新文化运动的大幕，一场近现代之交的空前的思想启蒙运动勃然而兴。新一代知识分子在沉痛反思后，对旧文化猛烈抨击，对"孔家店"血泪声讨，对新文化、新思想着力张扬。新文化运动以浩大的声势冲击着国人旧有的种种心态和框架，使20世纪初的中国出现了从未有过的思想解放潮流。一批学贯中西的知识分子，会聚于民主和科学的旗帜下，关注国事，并在国难的刺激下急迫地走向社会，担负起改造国家、拯救民族的重任。

1919年5月4日北京的五四爱国运动爆发，成为中国新民主主义革命的开端。

五四运动期间，梁启超在北京高等师范学校平民教育社发表演讲中指出，清末的立宪运动、革命运动、保路运动，是"中国国民运动的起源"，然而这些运动都未能建设在民众意识的基础之上，五四运动才是"国民运动的标本"，是"国民史上值得特书大书"的事件，它使外国人"渐渐觉得中国民气和世界舆论可怕"，并且"引起中国青年的自觉心"。

孙中山同情、支持和参加了五四运动。1919年5月6日，孙中山从时任上海《民国日报》总编辑邵力子那里得到专门报告后，立即指示他马上发动上海学生起来响应冲击租界。孙中山还通过各种途径营救在运动中被捕的北京学生。

毛泽东1945年4月21日在延安中共"七大"预备会议上说："五四运动，替中国共产党准备了干部。那个时候有《新青年》杂志，是陈独秀主编的。被这个杂志和五四运动警醒起来的人，后来有一部分进入了共产党。这些人受陈独秀和他周围一群人的影响很大，可以说是他们集合起来，这才成立了党。笔者认为陈独秀在某几点上，好像俄国的普列汉诺夫，做了启蒙工作，创造了党，但他思想上不如普列汉诺夫。"毛泽东这里直接说"创造了党"，文意明白，难作其他解释。

当时中国的先进分子，包括早期的共产党人，几乎没有谁不曾受到五四运动的影响。五四运动后的一个重要变化是马克思科学社会主义开始成为中国先进思想界的主流。

世界历史的巨变，中国社会的动荡，救国良方的更迭，执著不懈的追求，前赴后继的努力，山重水复的窘境，使激进的中国人懂得：如果没有一种新的社会力量和思想武器，没有一个能够凝聚民众、动员社会的政治核心，就无法完成中华民族摆脱落后挨打、走向独立富强的伟大而艰巨的任务。

农民阶级虽有许多优点和长处，但局限性也明显：封闭保守而缺乏创新意识，自给自足而缺乏合作精神，与世无争而缺乏竞争意识，安于现状而缺乏民主意识，重视体验而缺乏理论指导，追求平均而缺乏进取精神等。而资产阶级在政治上存在着先天的软弱性和妥协性，这正是辛亥革命失败的主要原因。

这就无情地宣告了农民阶级和资产阶级的命运——它们都不能领导中国社会完成现代化的使命。

鸦片战争后，随着外国企业、洋务企业、民族企业的兴起，新式产业工人人数猛增，至1912年约有150万，这就是早期的中国无产阶级。自19世纪中叶起，中国工人开始举行近似罢工的反帝活动。但因工人身处社会底层，尚未获得社会的普遍关注与同情，反帝活动多以失败而告终。至民初政党政治风行时，专门维护工人利益的政党有7个，虽然直接启迪了工人运动，但还没有形成政治力量。

时代呼唤着一个崭新的政治力量的崛起，时代也为这个力量的崛起提供了可能。

始终为中国的近代化冲锋陷阵、不遗余力的中国知识分子，在变革社会的同时也在变革自身进程。在俄国十月革命的炮声中，他们认识了马克思主义,认同俄国工农政权的建立和列宁的对华宣言,逐渐将马克思主义与中国工人运动结合起来。马克思主义从此作为改造中国社会的思想武器,在中国大地上生根。

在帝国主义殖民掠夺和中国近代资本主义萌芽中产生的中国无产阶级,在多重压榨下迅速成长,在五四运动的风云中作为一支独立的政治力量登上了历史的舞台。

当20世纪走过了最初五分之一的路程时,经历了长期新旧冲突、遭受了种种艰苦磨难的中国,即将迎来一个开天辟地的大变革。

1920年4月,一个征得共产国际同意、由俄共(布)远东局派出的负有特殊使命的"记者团"从苏俄远东的门户海参崴出发来中国,先到北京拜晤李大钊,然后持李大钊亲笔信,到上海法租界环龙路渔阳里2号(今南昌路100弄2号)会见陈独秀。"记

李大钊

者团"由两对俄国夫妇加一名华人翻译组成,包括负责人魏金斯基和妻子库兹涅佐娃,魏金斯基的秘书马马耶夫和妻子马马耶娃,翻译叫杨明斋,早年从山东到俄国做工,加入了俄共(布)。他们肩负着与中国革命者建立联系、着手帮助建立中国共产党的使命。

英特纳雄耐尔之火在中国点燃。1920年5月间,邵力子、陈望道与陈独秀、李达、李汉俊、施存统、沈玄庐、戴季陶、杨明斋等人在上海发起组织了"马克思主义研究会"。这是一个秘密组织,没有纲领,会员入会也没有成文的手续,负责人是陈独秀,称书记。会员们经常在陈独秀或邵力子的家里开会研究问题,主要是研究和宣传马列主义。

马克思主义为何物?共产党是什么样的政党?研究会成立后,大家愈来愈感到应该阅读和研究马克思主义原著,读一读《共产党宣言》。

第一个筹划把《共产党宣言》译成中文的是戴季陶。邵力子得知此事后,向戴季陶热情地举荐了29岁的陈望道。凭借陈望道扎实的功力,不出两个月,《共产党宣言》中译本诞生。马克思、恩格斯六十多年前发出的振聋发聩之声,通过一个个方块字,终于在中国响起,为正在筹建中的中国共产党送来了及时雨。

1921年7月23日晚8时,中国共产党第一次全国代表大会在上海法租界望志路106号(今兴业路76号)国民党元老李书城家中召开,因巡捕突然闯入,上海代表李达的夫人、负责会务的王会悟献策,到嘉兴去续会。7月31日,在南湖一只不起眼的小船上,由初具共产主义觉悟的知识分子和激进的知识分子创建的工人阶级政党——中国共产党顺潮流而生。7月1日作为中国共产党的诞辰纪念日,是毛泽东1938年5月26日至6月3日在延安抗日战争研究会讲演《论持久战》时提出的:"7月1日,是中国共

□ 万水朝东

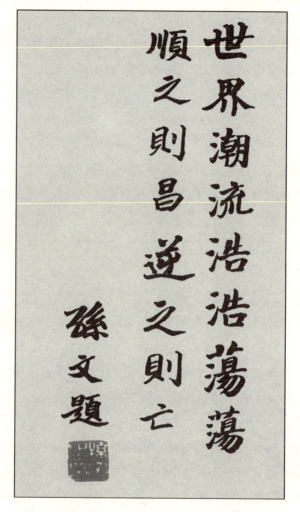

孙中山的亲笔手书

产党建立17周年纪念日,这个日子,又正当抗战的一周年。"

钱塘江以大潮闻名,当年孙中山英明地把民主比作大潮,并鼓励国人为之"呼啸着前进"。中国共产党在距钱塘江不远的南湖上诞生,合是天意。

中国共产党制定的反帝、反封建的彻底的革命纲领,像一座灯塔，给灾难深重的中华民族带来了光明和希望；放手发动群众的全新的革命策略，向世人昭示，中国共产党必将成为领导中国革命的核心力量。

追溯中国共产党的历史，建党初期的53个党员中，北京大学的共产党员占了相当的比例，如陈独秀、李大钊、张申府、邓中夏、张国焘、罗章龙、刘仁静、陈公博、谭平山、谭植棠、高君宇、何孟雄，和北大图书馆助理员毛泽东。北京大学之所以成为中国早期共产主义运动的发源地，它的必然性来源于"思想自由，兼容并包"的宽松环境，受惠于蔡元培博大宽阔的胸怀和容纳异己的雅量。

1897年的一天，上海几家纺织厂的厂主联名向美国驻华公使递交了一份"请求书"，希望美国政府援助中国的民族工业。得到的回答却是："我们看不出中国棉纺织工业的发展对美国会有什么好处，我们的利益在于为美国工业品开辟国外市场。"

中国沦为半殖民地半封建社会后，帝国主义出于自身利益，勾结封建势力，豢养官僚资产阶级，与它们狼狈为奸、沆瀣一气，一道残酷压榨中国人民，根本不打算让中国发展资本主义、建立资产阶级共和国，更不想扶持中国民族资产阶级去独掌纷乱复杂的政治舞台。

在民族资本主义得不到充分发展的条件下，中国民族资产阶级不甘心投靠帝国主义，也无力组成与帝国主义和封建买办势力相抗衡的强大政党，更不要说领导中国革命了。

辛亥革命后，鉴于军阀割据、革命力量薄弱，孙中山认识到，只有加强革命党的建设，才能依靠自己的力量去推翻军阀专制统治。1919年10月10日，在辛亥革命8周年时，孙中山宣布将1914年7月在日本组织的中华革命党改组为中国国民党，期待一个有力量的一党体制推动革命的成功。同时，在《中国国民党规

□ 万水朝东

时任北京大学校长的蔡元培

约》中,强调实行三民主义的政治纲领,规定"本党以巩固共和,实行三民主义为宗旨"。

国民党自1912年组建后的第二次重组后,在政治纲领、组织制度等方面都有了很大的进步,使孙中山的政党政治思想得到发展。孙中山对国民党寄予极高的期望,申明国民党一定要成为中国民主宪政下强健而良善的中心势力,与其他政党共同促进中国政党政治的发达。

但自辛亥革命后,革命遭受了巨大损失,许多国民党人蜕化变质,国民党陷入重重困境。30年的苦斗,留给孙中山的只是风雨飘摇的广州国民政府和开始在"堕落中灭亡"的国民党。

1922年年底,孙中山与英国记者阿琵·索兰姆的一席话,很能表明他当时的心境。孙中山说:"国民党是我的孩子,现在眼看就要淹死……我向英美求救,他们站在岸上嘲笑我。这时漂来一根

第二章 顺势与纷争

1921年,孙中山与夫人宋庆龄在广州时合影。

俄国稻草，我在快要灭顶的时候，就抓住了它。英国和美国站在岸上向我大喊，千万不要抓那根稻草，但是，他们能帮助我吗？不！"

孙中山以往多年奋斗，深受英美两国政党政治的影响，认为英美两国是"世界最完全政党之国"，曾主张实行两党制，希望国民、共和两党能以英美两国的政党为模范。

但自俄国十月革命胜利后，他彻底看透了帝国主义列强插手中国的险恶用心，对世界局势、对中国革命前途的认识跨进了一个新的阶段。他在给派往苏联考察的蒋介石手札中写道："我党今后之革命，非以俄为师，断无成就。"孙中山看到现实世界中正在取代资本主义的社会主义社会出现以后，结合中国传统，把《礼运篇》中描述的大同世界和俄国革命后的社会主义制度直接联系起来加以阐述，并且开始赞美、向往这种"天下为公"的新制度。

国民党内部的动乱使孙中山觉悟到：一个政党只有与广大人民结合，才能够发展，才能够壮大，才能够有效地发动和引导革命事业走向成功。他下决心寻找新的力量，探索新的道路，把国民党改造成为真正革命的领导力量。

这一思想在国民党内引发激烈冲突，焦点是关于是否发布国民党一大宣言、实施扶助农工的政策。

孙中山就此约见鲍罗廷。鲍罗廷于1923年9月被苏联政府派遣到中国，任驻广州国民政府总顾问，被称为广州国民政府的"保姆"，国民党中央的许多重大决策都要与他协商。1923年10月18日，孙中山委任鲍罗廷为国民党组织教练员，帮助国民党改组。

鲍罗廷指出：能否将革命运动置于本国广大人民群众支持的基础上，关系到中国革命的命运。贵党要立于不败之地，必须关心农民、工人和小资产阶级的利益。贵党还没有做过任何一点帮

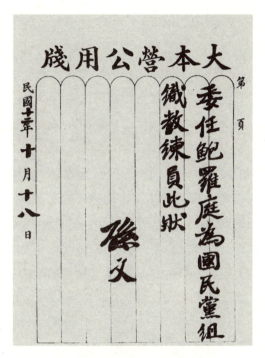

孙中山亲笔为鲍罗廷签署的委任状

助农民的事,这样就失去了一个最重要的支柱。政府应当立即颁布在广东农民中分配土地的法令。贵党没有举行过一次工人的会议,本来可能成为贵党政权的重要支柱的工人们,都从贵党身边溜掉了。为了实现贵党和工人的联系,必须为工人制定社会法法令,实行8小时工作日。目前小资产阶级不支持贵党,主要是因为它从贵党政权中得不到任何利益。贵党要取得革命的胜利,必须要把工人、农民和小资产阶级作为自己的社会基础。

冯自由作为"旅美华侨革命总代表",1911年被孙中山委任为中华民国总统府机要秘书。冯自由反对孙中山提出的联俄容共案,甚至到提案通过后,还发表激烈的反对言论。孙中山会后把冯自由等人狠狠教训了一番,气愤地说:"若依俄国人的做法,你们应该被关起来!"这位"革命童子"、"党中元老"最后被国民党开除了党籍。

最终,孙中山战胜了国民党内的反对派,制定了一系列有利于工人、农民和工商业者的政策,把国民党由一个"空中"的政党变为一个替老百姓谋利益的政党,巩固并扩大了国民党的社会基础。

依靠苏联的经济和军事援助,国民党建立了黄埔军校,组建了党军。一大批革命精英满怀"打倒列强除军阀"的雄心壮志,从五湖四海云集到革命的黄埔,在孙中山"不要钱,不要命,爱国家,爱百姓"的精神哺育下,经过新型的军事、政治教育,成长为优秀的军人,肩负起光荣而艰巨的历史使命。

1924年6月,孙中山夫妇在黄埔军校开学典礼上。左一为黄埔军校党代表廖仲恺,左二为黄埔军校校长蒋介石。

孙中山告别了他所热衷的宪政体制，重新走上了革命之路。与中国共产党人精诚合作，建立民主联合战线，是他漫长的革命生涯中至为光辉灿烂的篇章。

孙中山深感国民党内成分复杂、品流不一、人格不齐，依靠"在堕落中灭亡"的国民党和封建军阀完不成民主革命任务，要在中国这样一个没有现代化社会基础和现代阶级力量的社会，迅速建立一个能够担当领导现代化发展和建构民主共和的主体力量，必须通过政党的整合。共产党在领导工人运动中表现出的卓越组织才能，引起了孙中山的重视，产生了合作的愿望。

1922年，国共两党党员合作创办了上海大学。国民党人于右任担任校长，上海《民国日报》主笔、跨党党员邵力子担任副校长，共产党人、中国劳动组合书记部主任邓中夏任校务长。聘请瞿秋白、陈望道、何世桢、洪野、刘大白、茅盾、俞平伯、傅东华、田汉、叶楚伧、丰子恺、施存统、蔡和森、安体诚、张太雷、萧楚女、周建人、杨明轩、杨贤江、侯绍裘等国共两党党员及社会名流任教。国共两党的重要人物李大钊、恽代英、张继、马君武、戴季陶、杨杏佛、胡汉民、章太炎等都曾到校讲演。

1922年5月1日，共产党通过中国劳动组合书记部发起，在广州成功召开了第一次全国劳动大会，这次大会得到了国民党人的大力支持。在与会者中，国民党人占多数，共产党人次之。这次大会使共产党第一次在全国形成了广泛的政治影响。

在革命斗争实践的教育和共产国际的帮助下，共产党很快认识到与孙中山领导的国民党建立民主联合战线的必要性。1923年6月12日至20日，中共三大决定采取"党内合作"的形式，即一部分共产党人加入国民党，而共产党的组织机构和部分党员依然独立于国民党之外。中共中央对革命形势的正确分析和战略调整，实现了以国共合作为基础的统一战线，为中国民主革命大发展创造了重要的条件。

1923年11月25日,周恩来和国民党左派王京岐同心协力,在法国里昂成立了国共合作的"旅欧中国国民党支部",主要管辖法国、德国、比利时三国的组织成员。孙中山和国民党总部委派周恩来为中国国民党巴黎通讯处筹备员。邓希贤(邓小平)、蔡畅也于此时加入了国民党。

1924年1月21日,无产阶级革命导师列宁病逝。噩耗传到中国,正值国共合作高潮,国共两党人士联合举行了一系列追悼活动。

1924年1月20日,国民党一大召开。重新解释了三民主义,制定了"联俄、联共、扶助农工"的三大政策,实现了第一次国共合作,孙中山称之为"本党成立以来破天荒的举动",希望国共合作之后的政党力量,承载起中国社会的转型和整合,推动中国的现代发展和民主建设。这是孙中山革命政党思想的进一步升华。

三大政策的设计人是曾任武汉国民政府外交部长的陈友仁,他一生追随孙中山,是坚定的国民党左派。1918年随广州政府代表团去美国,受孙中山之托,通过美国华人转信给列宁;1919年参加凡尔赛和会,与法国与英国的马克思主义者和共产国际的代表直接联系,在巴黎通过苏联代表拿到了美日密约并寄给孙中山,在北京《晨报》刊登后,引发了五四运动。

国共合作产生了巨大的社会影响,有力地推动了中国革命的蓬勃发展,使孙中山的革命政党政治思想达到了光辉的顶点。

1924年1月18日,鲍罗廷在国民党一大预备会议党团会议上发表长篇讲话,阐述了共产党在国民党一大的总任务,"就是从组织上扶植国民党,帮助它制定党的纪律,以便使它真正成为一个有组织的党";"向它提供斗争的内容和口号,推动它彻底摆脱各

1924年1月20日,中国国民党在广州召开第一次全国代表大会。图为孙中山与李大钊(左)步入会场。

种束缚,……成为一个战斗的党"。

中共三大之后,毛泽东担任中共中央执行委员和中央局秘书。作为筹建湖南国民党组织的负责人,毛泽东顺理成章地被推选为出席国民党一大的代表。

国民党一大会议期间,毛泽东共有五次发言。他对黄季陆"请采比例选举制为本党政纲之一"的提案表示反对,指出这种将西方政治制度引入政党内部的企图,是要保护少数国民党右派分子的地位,足以对革命事业造成危害,主张不能讨论,不能表决。毛泽东多次积极主动、富有朝气的发言引起了与会许多老国民党员的注意和赏识。

1924年1月22日,孙中山提名毛泽东为章程审查委员会成员。

1924年1月29日,孙中山又提名毛泽东为国民党中央执行委

□ 万水朝东

1924年毛泽东在上海。在中国革命史上,他是唯一的既是共产党一大代表,又是国民党一大代表。

员会候补委员。

在中国革命史上,既是共产党一大代表,也是国民党一大代表,并且完整地参加了会议的,仅毛泽东一人。

国民党一大后在上海、北平、汉口、哈尔滨等地成立了执行部。其中北平执行部,由李大钊任组织部长,马叙伦任宣传部长,蔡和森任秘书。毛泽东则在上海执行部任秘书,与另外5名国共两党党员同领最高月费120块大洋。

国共合作对国共两党的发展和壮大都产生了积极的影响,国民党获得了新生,共产党茁壮地成长。在共产党和国民党的共同努力下,新三民主义被推广到了全中国,深入到工人、农民、学生中。依靠共产党人的工作,大批革命青年和工人、农民加入了国民党,党员数量突飞猛进地增加,从"一大"到"二大"仅两年时间,国民党党员发展到了近20万人,革命力量进一步壮大。

第二章 顺势与纷争

国共两党在反帝反封建、实现民主政治的旗帜下携手第一次合作，得到了广大人民的衷心拥护，推动了工农民主运动的蓬勃发展，打击了帝国主义和封建军阀势力，加快了中国民主革命的进程，掀起了第一次国内革命战争，被誉为近代中国的大革命。

但共产党和国民党毕竟是两个政党，在价值观、最高纲领上存在种种区别，加上人事关系的纠葛与党权利益的争夺，两党在合作过程中出现了许多问题，一部分国民党党员多次做出"分共"行为，上海执行部还发生了殴打"跨党党员"邵力子的事件，两党矛盾在逐渐加剧。

1925年3月11日，北京。孙中山已病入膏肓。

上午8时，何香凝又到孙中山的卧室探望。孙中山一直都是用日语亲热地叫何香凝"巴桑"，意即老太婆。此刻，何香凝一听到他那郑重而又沉痛的叫唤，迅即和宋庆龄一起走到孙中山跟前。

孙中山手指向宋庆龄说："彼亦同志一分子，吾死后望善视之，不可因其为基督教人而歧视之。"

何香凝掩泪回答说："我虽然没有什么能力，但先生改组国民党的苦心，我是知道的，此后我誓必拥护孙先生改组国民党的精神。孙先生的一切主张，我也誓必遵守的。至于孙夫人，我也当然尽我的力量来保护。"

孙中山听后，紧紧握着何香凝的手说："廖仲恺夫人，我感谢你……"

临终前夕，孙中山由宋庆龄扶着手腕在汪精卫代写的总理遗训和致苏联政府书上签字，留下了"革命尚未成功，同志仍须努力"的政治遗嘱。孙中山还告诉家属和同志："我一生仰慕列宁，我希望死后能像列宁一样的殡殓。"

□ 万水朝东

孙中山灵堂两旁悬挂着其政治遗嘱"革命尚未成功,同志仍须努力"

1925年3月12日上午9时30分,世界失去了一位巨人。

遵照孙中山的遗嘱,国民党决定仿照列宁的殡殓。

列宁很赞赏孙中山,早在1912年发表的评论《中国的民主主义与民粹主义》中就准确预言:以孙中山为代表的资产阶级革命民主派,会在广大农民群众无比澎湃的政治动能中,找到未来"复兴中国的道路";另一方面,中国社会内部阶级矛盾必然会带来社会主义革命政党的出现,而这社会主义政党应"细心地辨别、保存与发展"孙中山革命民主主义的内涵,来发展自己的革命左翼运动。言下之意,未来中国社会主义革命,乃是在吸纳孙中山进步的革命民主主义基础上昂扬发展的。

历史发展完全印证了列宁的政治判断:孙中山的民主革命路线越来越左倾,造就了当年国民党的左翼派别,开启了第一次国共合作,为日后民主党派积蓄了力量;共产党继承发扬孙中山的新三民主义政策,果然在广大农民群众中找到自己的政治力量,创造性地发展了当年孙中山的革命民主主义，走出了一条依靠农民改变中国的革命道路，完成了新民主主义革命。

主办过广州和武汉两地农民运动讲习所的毛泽东，熟知中国历代王朝的变换，清楚农民战争的结局，对民族历史上各种思想、思潮、主义的兴起与衰落了如指掌，最终找到了以农村包围城市、最后夺取城市的独特道路。毛泽东的名言是"得农民者得天下"。他多次讲过，中国的问题是农民的问题，农民的问题是土地的问题；谁得到了农民，谁就得到了中国；谁解决了农民的土地问题，谁就得到了农民。

1926年，时任国民革命军总司令的蒋介石率师北伐。

□ 万水朝东

"问苍茫大地，谁主沉浮？"中国共产党把握了时代趋势、历史走向与人心所向。

1924年至1927年的北伐战争期间，中国经历了历史上第一次国共合作。

1926年3月13日下午，清华大学的进步学生邀请李大钊和陈毅两位共产党人到校演讲。陈毅以生动的内容、风趣的语言和精辟的见解阐述北伐的意义，他豪放地说："我辈使天下人共有生产资料，共享无剥削无压迫的幸福生活，国民革命的工作即在于此，联合世界上一切平等待我之民族，为实现人类美好的理想而献身。"

1926年7月9日，由苏联训练的"国民革命军"已成势力，蒋介石就任国民革命军总司令，誓师北伐，进展神速。北伐军出师10个月，就从广东打到武汉、南京、上海，把革命从珠江流域推进到长江流域，前锋进抵河南，席卷了半个中国，为革命力量统一全国做出重大贡献。

北伐战争是一场规模空前的反帝反封建的革命战争，沉重打击了北洋军阀的统治，使全国在形式上完成统一，国民党成了全国性的执政党。

孙中山致力国民革命凡40年而未竟的事业，仅在两三年内，便获得了巨大成就。

毋庸置疑，没有共产党的帮助，就没有北伐战争的胜利，中国就不可能结束"五代十国"式的分崩离析局面；也不可能将主要精力发展经济，为1927年至1937年的民国"黄金十年"打下基础；更不可能初步整合国力，实现年均工业增长率9.3%，铁路修建2万余公里，公路增开8万多公里，民航空运开辟12条航线、长达1万5千多公里的经济奇迹。

北伐战争也使共产党人领导的以两湖为中心的全国工农运动

迅猛发展，并认识到开展武装斗争的极端重要性。

孙中山生前怎么也想不到，一向信誓旦旦的追随者，在北伐战争胜利在望时摇身一变成为扼杀革命的罪魁。

这个人，就是蒋介石。

孙中山提倡并决定了第一次国共合作，形式是党内合作，就是共产党员以个人身份加入国民党，同时保持自己的共产党员身份。许多中共党员，如李大钊、陈独秀、瞿秋白、张太雷、毛泽东，都是跨党党员。

蒋介石对第一次国共合作，起初怀疑犹豫，继而积极支持，最后断然拒绝。

蒋介石是同盟会中极少数受过正规军事训练的军人，无论谁主政，都要仰仗他军事上的长才。蒋介石博得孙中山的信任，一是1912年1月14日，蒋介石刺杀光复会领袖陶成章，除掉了孙中山最主要的政敌；二是1922年，陈炯明炮轰总统府，蒋介石接到孙中山电报后，不顾一切跑到"永丰舰"上相陪，孙中山说"有介石在，我就很放心了"。

蒋介石早年是国民党左派，他学习俄文，也读了一些马列著作及有关共产主义的书籍。1923年在莫斯科，中共党员动员蒋介石参加共产党被拒绝，理由是"参加共产党是一件大事情，要请示孙先生"。蒋介石的这个回答让当时莫斯科的中共党员非常不满意，觉得蒋介石愚忠，"参加中共你自己可以决定，为什么要请示孙中山呢？"蒋介石从苏联回来后，给孙中山写了一个对苏联有所批评的报告。

但是从1924年开始，蒋介石成了坚决主张联共的著名左派。他当时讲过两句非常著名的话："没有共产主义的三民主义是假三民主义；没有共产党人参加的国民党是假国民党。"在孙中山的语言里还只有"容共"两个字的时候，蒋介石第一个在国民党高层里提出了"联共"。

转变发生在1926年，蒋介石与苏联为黄埔军校派来的军事顾问们谈了一次话，蒋介石说，"我到过你们苏俄，也研究过苏俄十月革命的经验，这个经验是革命只能有一个司令部。现在中国革命有两个党，一个是中国国民党，一个是中国共产党，革命只能有一个司令部。因此，所有参加国民党的共产党员都应该退出共产党，做一个单纯的国民党员。"结果苏联顾问拒绝这一要求，共产党也拒绝了。

国民党召开二大时，共产党和国民党左派代表还是占优势。但在选举国民党中央执委、监委时，陈独秀、张国焘坚持妥协让步，结果在36名中央执委中，共产党员只占了7席；在36名中央监委中，共产党员只有1席，国民党右派占了绝大多数。

之后，国民党召开了二届二中全会，蒋介石提出整理党务案，内容是：共产党员不得担任国民党中央各部部长；共产党须将加入国民党的共产党员名单交国民党中央主席保存等。蒋介石就这样一步步走上了清党、反共的道路。

1927年，正当大革命蓬勃发展之时，蒋介石和汪精卫发动政变，公开叛变革命，大肆屠杀共产党人和工农群众。国民党内部的右派势力开始著书立说攻击马克思主义，要求国民党内的共产党员做单纯的国民党员；随后，右派势力暗杀了国民党左派领袖廖仲恺，篡夺了党权、军权。

国共合作全面破裂，轰轰烈烈的大革命半路夭折，国共两党开始了长达十年的相互杀伐。

政党的产生、发展以及政党关系的形成自有其内在规律，不是由武力和镇压所能决定的。

国共合作失败，说明了单有政党合作而解决不好政党合作的领导权问题是不行的。

国共合作失败,中国的政治形势发生了急剧变化,为民主党派的形成和发展提供了广阔的政治空间。

国民党内开始急剧分化。国民党左派杰出代表宋庆龄、何香凝等率先发表声明:国民党"已不再是革命的政党,而不过是这个或那个军阀的工具"。

1927年8月1日,周恩来、朱德、贺龙、叶挺等共产党人在南昌起义,建立红军,开始了武装反抗国民党反动派的斗争。宋庆龄在上海高度赞扬南昌起义,她说:"这表示了一个不可征服的民族的高度决心。"她还认为:"中国共产党无疑地是中国革命力量中最大的动力。"

也就是在8月1日这天,中国共产党人和国民党左派人士在南昌召开联席会议,选出以宋庆龄、邓演达、何香凝以及周恩来等25人组成的中国国民党革命委员会。

还是在8月1日这天,毛泽东、董必武等21位共产党人和国民党左派发表《国民党中央执行委员宣言》,在当天南昌出版的《民国日报》上刊出,强调:"武汉与南京所谓党部政府,皆成为新军阀工具,曲解三民主义,毁弃三大政策,为总理之罪人,国民革命之罪人。"

从此,国民党由资产阶级、小资产阶级和工人阶级、农民阶级的联盟,变成了由代表地主阶级和买办资产阶级利益的反动集团所控制。共产党作为工人阶级和全国人民根本利益的代表,成为与国民党相对立的政党。

国民党左派杰出代表、曾担任国民革命军总政治部主任的邓演达,愤然辞去了国民党内的一切职务。1927年11月1日,宋庆龄、邓演达和陈友仁在莫斯科以"中国国民党临时行动委员会"名义发表了《对中国及世界民众宣言》,表示坚决捍卫孙中山提出的"联俄、联共、扶助农工"的三大政策,与蒋介石之流斗争到底。

宋庆龄指出,"当作一个政治力量来说,国民党已不复存在了","惟有以工农政策为基础的党才能为社会主义打下基础,才能粉碎军阀的努力并摆脱帝国主义的枷锁。"宋庆龄毅然抛弃国民党的旗帜,把实现民族解放的希望重新寄托在中国共产党的身上,把实现民族解放的道路确定为实现社会主义,这标志着她在阶级立场及政治思想上已经发生了根本性的转变。

1928年3月,中国农工民主党的早期组织"中华革命党"在上海成立,它标志着国民党内民主派的形成,主要发起人有谭平山、邓演达等,主张进行民族民主革命,建立平民政权,又称"第三党"。1930年8月,邓演达回国在上海法租界主持召开全国干部会议,与黄琪翔、章伯钧、彭泽民、季方等一起将"中华革命党"改为"中国国民党临时行动委员会",明确提出党的纲领是:反帝反封建,推翻南京反动政府,建立以农工为中心的平民政权。1935年11月改党名为中华民族解放行动委员会。1947年2月改党名为中国农工民主党。

1930年8月,杨虎城听说了邓演达在上海的行动后极为兴奋,派连瑞琦(曾任十七路军军医处处长兼陕西省机器局局长)秘密赴沪联络邓演达,共同扩大反蒋运动,还资助邓演达2000元大洋。当时,杨虎城在西北已有5万多武装力量,准备训练10万精兵,联合共产党一致反蒋,需要大批干部,但不要蒋介石嫡系,而是国民党左派或者是未公开的共产党员。邓演达亲自介绍连瑞琦加入了中国国民党临时行动委员会,组织一大批革命同志(多为黄埔同学)在陕西西安建立了中国国民党临时行动委员会地方组织,成员达到360多人,负责人为周士第、连瑞琦。杨虎城说:

中国农工民主党创始人邓演达

"邓演达不但在黄埔系、保定系中有威信,就连我这个地方杂牌军人,对他也有信仰,我们以后要同邓演达合作。""邓演达和共产党都是蒋介石的劲敌,加上我们的力量,这三方面的反蒋力量联合起来,蒋介石有可能很快会垮台。"

1931年8月17日,邓演达在上海向临委会干部培训班学员讲话时,因叛徒引领英租界巡捕包围会场不幸被捕,11月29日晚,被蒋介石下令秘密杀害。

毛泽东读史曾有感而发,把邓演达与古代民族英雄岳飞、文天祥和著名共产党人瞿秋白、方志敏以及著名爱国人士杨虎城、闻一多等一同论列,称赞他们:"以身殉志,不亦伟乎!"1961年5月3日,毛泽东在上海接见周谷城谈起邓演达时,意味深长地说:"邓演达先生这个人很好,我很喜欢这个人。"

蒋介石最终篡夺了北伐战争的胜利成果,"一个政党、一个主义、一个领袖"的口号即将诞生。

1928年,国民政府在南京成立,蒋介石将孙中山国民党"联俄、联共、扶助农工"新三民主义治理国家的理论,歪曲为国民党一揽、排除其他政党参与的"一党治国",并利用孙中山"国民革命三阶段"理论,宣布由军政时期进入训政时期。以"一党治国"精神制定了《训政纲领》:"在训政时期,国民党全国代表大会代表国民大会行使政权,国民党中央执行委员会为'训政'的最高领导机关",从此确立了国民党的一党专政。

李剑农,1906年加入同盟会,1910年入日本早稻田大学学习政治经济学,1911年回国参加辛亥革命。在其《中国近百年政治史》中点评:"此后政治中所争的将由'法'的问题变为'党'的问题了;从前是约法至上,此后将是党权至上;从前谈法理,此后将谈党纪;从前谈'护法',此后将谈'护党';从前争'法统',此后将争'党统'了。"

首倡"以党治国"理论和"训政"建国方针的胡汉民

蒋介石用三民主义统一全国,强制推行思想党化。"以党治国"理论和"训政"的建国方针都是胡汉民在国民党内首倡,强调国民党在国家政治生活中的绝对领导地位。1929年召开的国民党三大规定,全国人民只有服从拥护国民党,履行三民主义,方可享有国民之权利。按此政治逻辑,人民是婴儿,国民党是唯一的母亲,秉持其他"主义"的政党要争母亲的地位是非法的,便是反革命,必在消灭之列。这种政治逻辑不仅把其他持不同政见的政党统统划为敌人,也剥夺了不服从拥护国民党的公民的生存权利。

在国民党的历史上,三大的"作用"可以概括为:在此之前,是国民党的蒋介石;而在此之后,则是蒋介石的国民党。

以"训政"为名,公然取消人民的一切自由权利。国民党三大规定:国民党在必要时,可以在法律范围内限制人民集会、结社、言论、出版等自由权。

以党代政。党的领导集团甚至党的领袖个人直接控制政府,国民党处于不受任何监督制约的至高无上的地位,从而形成一党完全控制国家政治的局面。

以"党军"领袖治国。以党控制军队,掌握以黄埔系为核心的中央军;又以军权凌驾党权,建立军统、中统等特务组织,刺探、破坏共产党和其他革命团体,秘密捕杀革命者和进步人士,打击国民党内异己势力,最终形成蒋介石权力"党政军三位一体"极端黑暗的状况。

把一切社会组织完全置于自己的控制之下。整顿和控制民众团体,不允许独立于党和政府之外的民众团体和利益集团如工会、农会、商会等存在。1930年国民党中常会通过的《人民团体组织方案》规定:一切人民团体必须接受国民党的指挥,服从政府命令;各团体召开例会外的各种会议,必须得到当地高级党部及主管官署许可。

史无前例的文化专制主义。国民党建立和完善自己的新闻事业网，实行新闻垄断，严禁一切进步书刊，迫害进步新闻工作者，试图使新闻舆论完全沦为国民党的工具。当时就有人指出：自国民党主政以来，"一切庶政，都以党化为前提。举凡人民思想与言论，概加以束缚，尤其自民国十六年国共分裂后，对于思想言论限制尤严。凡与国党主义不同之他种学说和主义，不仅绝对不使其流传，抑且绝对杜绝其研究"。

白色恐怖下，共产党主办的书刊或倾向革命的进步出版物无法正常出版。1929年初，国民党查禁瞿秋白主编的《布尔什维克》，刊物临时改了个颇有趣味的名字——《少女怀春》，居然瞒过了国民党的检查官，平安地发行了。

陈独秀曾创作《国民党四字经》："党外无党，帝王思想；党内无派，千奇百怪。以党治国，放屁胡说；党化教育，专制余毒。三民主义，胡说道地；五权宪法，夹七夹八。建国大纲，官样文章；清党反共，革命送终。军政时期，官僚运气；宪政时期，路遥无期。忠实党员，只要洋钱；恭读遗嘱，阿弥陀佛。"这些文字风传天下，让国民党形象扫地，让蒋介石切齿痛恨。

青年党是除国共两党之外的历史最为悠久的一个党派，从成立之日起就坚决反共，与国民党沆瀣一气，因信奉鼓吹国家主义，也被称为国家主义派。但是，青年党也曾在20年代末、30年代初进行过反对国民党"党治"的斗争，党魁曾琦为此被国民党当局逮捕并监禁于上海。尽管青年党早期的反"党治"活动并不是因为它同国民党有根本的阶级利害冲突，而是为了争取在国民党政权中的地位，更有效地反共防共，然而，青年党反"党治"宣传和全民政治主张，特别是对国民党一党专政的某些抨击，在自己的历史上留下了令人注目的一笔。

从 1927 年建立国民政府到 1949 年溃败台湾,蒋介石"以党治国",虽然也经常提起"三民主义"和"民主"的口号,也曾搞过所谓"成立国会"、"举行选举"、"制定宪法"等活动,不过是掩人耳目。22 年间新军阀明争暗斗、各据一方,在民族危亡面前还获得了各党派对其领导地位的承认,但始终没能形成一个统一的、完善的国家机构。

这样的限制,那样的限制,必定带来变故。

国民党一党独裁制,不是失败在一党执政,而是瓦解在一党专政。

纵观中华民族 5000 多年的文明史,坚持统一、反对分裂,坚持进步、反对倒退,始终是中国社会发展的主流。顺之则昌,逆之则亡,任何政治力量概莫能外。

旧中国半殖民地半封建社会错综复杂的阶级矛盾,造就了中国近代史上两个最重要的政党——中国共产党和中国国民党。

如果从孙中山创建的同盟会算起,国民党比共产党早成立 16 年。当时的国民党是由不同阶级组成的政治联盟,同共产党既有团结合作的可能,也在阶级利益上存在着严重分歧。

共产党诞生以前,国民党曾代表了中国近代发展的趋势,这主要表现在推翻封建帝制、创立中华民国的实践中。五四运动以后,中国近代之发展、前进的趋势逐步转变为以共产党为代表。

在 20 世纪中国这个大舞台上,共产党和国民党无疑是主角,在聚光灯下,他们上演了一场场文戏和武戏。

共产党和国民党有过两次合作,两次分裂,并有过多年对峙。合作的时候,并肩对敌,同生共死;分裂的时候,刀兵相见,不共戴天。合作与对抗交替出现的复杂态势,构成了旧中国政治舞台的核心内容,其他党派只能在国共两大政党的政治分野中,做出自己的抉择。

历史发展有其内在规律。一个政党是否有力量,并不取决于一时之短长,而在于它的纲领和行动是否符合国情,是否能代表大多数人的利益。

中国共产党对中国革命实际问题的认识是逐步提高的。

1920年11月23日,陈独秀在上海主持起草《中国共产党宣言》。这篇重要文献提出了全世界已经进入了资本主义时代、中国与外国毫无例外地都属于资本主义社会的观点。"全世界可视为一个资本家的机关","我们从生产和分配的方法上看起来,这些国家都是一样的——都是资本主义式的"。

1921年7月,中共一大决议规定,共产党在政治斗争中,"应永远站在完全独立的立场上,只维护无产阶级的利益,不同其他党派建立任何相互关系"。年轻的中国共产党,此时对革命的理论和实践及革命的条件缺乏深刻理解,对解决中国革命实际问题缺乏实践经验,在政党理论、统一战线策略上还不成熟。

半殖民地半封建的旧中国,社会背景极为复杂、敌人极为强大、经济文化极为落后的状况,决定了任何阶级、任何政党都无法单独取得革命胜利。孙中山忽视了近代中国是一个被多个帝国主义国家分裂剥削的国家的事实,他的政党政治思想终于没有实现。联合一切可以联合的力量、孤立顽固的反动势力,成了中国革命带有常识性的基本策略。

1922年7月16日至23日,中共二大在上海南成都路辅德里625号召开。大会通过的《中国共产党第二次全国代表大会宣言》,提出了中国社会具有特殊性的问题,第一次把中国社会性质问题正确地揭示出来:"中国因为有广大的肥美土地,无限量的物

中共二大通过的《中国共产党第二次全国代表大会宣言》(部分)

产和数万万贱价劳力的劳动群众，使各个资本主义的列强垂涎不置：你争我夺，都想夺得最优越的权利，因而形成中国目前在国际上的特殊地位。""中国已是事实上变成他们的殖民地了，中国人民是倒悬于他们欲壑无底的巨吻中间。"这种揭示表明了中国共产党人对社会性质的基本看法。

中国革命是社会主义性质还是民主主义性质？中国共产党曾经认为，中国革命与俄国十月革命的性质完全一样，都属于推翻资本主义制度的社会主义革命。由于较快地认识到了近代中国的社会性质，中国共产党对中国革命性质的理解也就相应地发生了变化。

中共二大宣言明确在中国社会各阶级中，"工人阶级是领袖军"，"中国共产党是无产阶级的先锋军"；号召各阶级被压迫民众"聚集在共产党旗帜之下奋斗"；指出"共产党应该出来联合全国革新党派，组织民主的联合战线，以扫清封建军阀、推翻帝

59

国主义的压迫、建设真正民主政治的独立国家为职志",对建立民主联合战线达成共识。

1923年6月12日至20日,中共三大在《关于国民运动及国民党问题的议决案》说:"中国现有的党,只有国民党比较是一个国民革命的党,同时依社会各阶级的现状,很难另造一个比国民党更大更革命的党。"决定以"党内合作"的形式实现以国共合作为基础的统一战线。由于对国民党的力量估量偏高,把国民党当作国民革命的领导力量,第一次国共合作最终以分裂告终。

尽管由于自身的幼稚,由于国民党反动派的叛卖,由于内外敌人的强大和共产国际的错误指导,中国革命受到挫折,但是不屈的共产党人在白色恐怖中依然高举旗帜,擦干净烈士身上的血迹,开始了独立领导中国革命的历程。

瞿秋白

1925年6月4日，为了指导五卅运动发展，中国共产党成立后创办的第一份日报《热血日报》诞生。负责日报主编的瞿秋白撰文指出：我们民众要靠我们自己，要靠我们真正的朋友，大家合力一致的奋斗，反对我们国外国内的一切敌人，才能达到我们的目的——根本解放中国，不再受人屠杀！

继1927年8月1日南昌起义后，毛泽东于当年9月11日领导湘赣边界秋收起义，经转战和三湾改编后，在井冈山地区创建了中国共产党领导的第一个农村革命根据地，点燃了星星之火。1928年4月，朱德、陈毅率南昌起义余部和湘南起义农军，在毛泽东率部接应下，在井冈山会师，合编为工农革命军第四军，朱德任军长，毛泽东任党代表和军委书记，壮大了井冈山革命根据地的军事力量。

中共一大把社会主义和共产主义明确写在自己的旗帜上，中共二大破天荒地在中国人民面前提出了反帝反封建的民主革命纲领。尽管这当中也包含着共产党人自己的若干思索，但最主要的还是来源于列宁和共产国际的许多主张、启示和帮助。

毛泽东在大革命时期，通过深入考察，详细剖析了中国社会各阶级的经济地位和政治态度，初步认识了农民和资产阶级的阶级地位、政治立场，获得了对中国命运的发言权，为日后制定新民主主义革命路线奠定了基础。

20世纪20年代末至30年代上半期，共产国际、联共（布）、斯大林，在给中国革命以巨大帮助的同时，把苏联的经验和模式强加于中共和中国革命，当时在苏区政权的名称、形式、内容，实行共产党一党单独存在等方面都照搬苏联，这曾使中国革命几乎陷于绝境。特别是1934年，"共产国际军事顾问"李德的到来，取代了毛泽东，用俄语下达一道道命令，把中央苏区这艘载着红军的航船完全推向了偏离航向的血海。

在王明"左"倾错误路线指导下，不能客观地分析阶级阵线的变化和其他党派的性质，拒绝与其他党派合作，统一战线政策被束之高阁。当时"第三党"在同国民党右派进行斗争的同时，也不承认共产党对中国革命的领导，结果给中国革命造成了不必要的损失。

当马列主义理论教条化、把共产国际决议和苏联经验神圣化在中共党内盛行，使中国革命遭受挫折的时候，是毛泽东鲜明地提出"中国革命要靠中国同志了解中国情况"，从而实现了马克思主义与中国革命实际情况的结合。

没有共产党的领导，农民就不可能有真正的革命行动。当时的中国，政治控制社会的力量降到了最低点，而社会的自发力量非常大。共产党和农民阶级建立起血肉相连的关系，把几千年来在政治领域里无足轻重的农民阶级拉上了政治舞台，使之成为一种重要的力量。这是中国社会自秦汉以来最重要的变化，它完全改变了政治运动和政治参与的格式，将中国社会引向一个新的航程，并且最后导致了国民党的失败与共产党的成功。

创立农村包围城市的革命道路，充分体现了共产党和毛泽东的使命感和预见性。

清末秀才、国民党元老柳亚子，参加过同盟会、光复会，创立了革命文学团体——南社。在国民党第一次全国代表大会期间，柳亚子在广州与毛泽东多次接触，确认毛泽东是中国革命事业中的非凡人才。1929年，当柳亚子听到毛泽东在红四军里受到机会主义"毁誉"排斥的讹传时，认为这是中国革命的最大不幸，悲愤交加，写下了情透纸背的七言绝句《存殁口号五首》之一："神烈峰头墓草青，湘南赤帜正纵横；人间毁誉原休问，并世支那两列宁。"诗中提到"神烈峰"，是指中山陵所在地的南京紫金山；"湘南赤帜"，指毛泽东领导的湖南农民革命运动；"两列宁",据诗人自注:即孙中山、毛润之。当时毛泽东只是一名中共中央委员,柳亚子慧眼识英豪。

政党政治也是在中国共产党长期革命斗争中摸索检验出来的。

毛泽东曾深有感触地说:"长征二万五千里,不是因为有统一战线,而是因为太纯洁。"但是,毛泽东也说过,"瑞金时代是最纯洁、最清一色的,但那时我们的事特别困难,结果是失败了。所以,真理不在于清一色"。

统一战线是有效的法宝,纯洁队伍也是绝对需要的。这是历史的辩证法。

第二章
分化与觉醒

上海世界书局在1936年12月至1937年1月间印行"战时常识丛书",全套共9本,都标有"非常时期人人必读"字样。在《战时后方工作》一书卷首,作者程炎泉写道:"我们的国土内,纵横着敌人的铁蹄,在东北,三千万民众被当做了奴隶;在河北、山东、江苏、浙江、福建、广东……以及其他省区的民众,天天受到敌人枪炮和飞机的威胁,不能安安稳稳地过日子。敌人的心是黑的,他们不知要我们多少财产才能满足。敌人的手段是毒的,他们不知要杀死我们多少人才够快活。……朋友们呵,我们见到我们的生命这样微贱,我们的国家这样危险,我们是应该振作起来。实行自卫,我们要做中国的主人,把强盗赶出去。"

国民政府蓄意破坏上海军民抗战,与日本签订《淞沪停战协定》,激起了胡厥文对国民政府不抵抗政策的极大愤慨,他一怒之下表示不再剃须,要"蓄之以记国难,等赶走了倭寇时再剃"。他没有食言,从"九一八"到"一·二八",再到"八一三"直至日寇投降,整整14年,一直留着盈尺的长髯,并为抗战付出了他全部的精力和巨大的牺牲。终于等到1945年日寇投降,才怀着激动欢快的心情剃去"抗战胡子"。

□ 万水朝东

　　中国主要的民主党派,多在抗日战争时期(1937—1945年)和解放战争时期(1945—1949年)成立,是中国社会的进步力量。

　　民主党派的社会基础主要是民族资产阶级、城市小资产阶级和他们所联系的知识分子及爱国民主人士。由于民族资产阶级的软弱性、小资产阶级的散漫性,由于国民党对一切民主力量实行限制和压迫的政策,由于中国只能走无产阶级领导的、人民大众的新民主主义革命道路,决定了这些党派不可能形成一个在国共两党以外的统一政党,形成强大的独立的政治力量,而只能形成一些基本由代表性人物组成、力量分散、人员较少的党派;不可能是单一阶级政党,而只能是具有政治联盟性质的政党。

　　周恩来说过:"各个民主党派,不论名称叫什么,仍然是政党,都有一定的代表性。但不能用英、美政党的标准来衡量他们。他们是从中国的土壤中生长出来的。"

　　正因为民主党派反帝爱国、实现民主的政治要求同共产党在民主革命时期的纲领大体一致,决定了民主党派必须寻求工农和革命知识分子的支持。

　　民主党派从它们成立的时候起,就遭到了国民党的分化瓦解和迫害,只能作为共产党的合作者和同盟者出现。

　　志同道合才不谋而合,没有退路才走出新路。

　　共产党与民主党派的团结合作是共同的需要,是中国革命历

第三章 分化与觉醒

1931年9月18日,日本悍然发动了军事政变,继而攻占了沈阳北大营中国军队军营。

史发展的必然要求。

当共产党与民主党派的团结合作成为现实,也就宣告了国民党一党专制的破产。

1931年9月18日,日本关东军炸毁了南满铁路柳条湖附近的一段铁轨,借口中国军队所为,炮轰沈阳北大营中国东北军驻地,发动军事政变。两天占领沈阳,一周占领辽宁,三个月占领东三省，中华民族亡国惨祸迫在眉睫。

策划事变的元凶、关东军大佐板垣征四郎之前对部下训话："从中国民众的心理上来说，安居乐业是其理想，至于政治和军事，只不过是统治阶级的一种职业。在政治和军事上与民众有联系的，只是租税和维持治安。……因此，它是一个同近代国家的情况大不相同的国家，归根到底，它不过是在一个自治部落的地区加上了国家这一名称而已。所以，从一般民众对民族发展历史来说，国家意识无疑是很淡薄的。无论是谁掌握政权，谁掌握军权，负责维持治安，这都无碍大局。"

中国武备落后、一盘散沙的状况，成为导致近代以来中华民族反复被侵略、被宰割的致命弱点。

中华民族到了最危险的时候，中国的各党各派无不面临着极其严峻的考验。

从9月20日起，中国共产党多次发表宣言，号召各派政治力量捐弃前嫌，停止内战，一致抗日。

统领200万大军的蒋总司令，却认为对国民党来说，日本入侵是"皮肤病"，共产党的存在才是"心脏病"。于是抛出一个"攘外必先安内"的反动政策。

人们不会忘记，当"九一八"事变的消息传到南京时，日本关东军不过2万余人。蒋介石认为"日军此举不过是寻常寻衅性质"，为避免扩大对抗，电告16万东北军不要抵抗，要求张学良"切勿逞一朝之愤，置国民民族于不顾"。这就是蒋介石的"攘外"。

人们更不会忘记，在日军侵占东北的最初5年，南京政府一刻也没停止过围剿红军的军事行动，并且杀害了邓演达、杨杏佛等国民党左派人士。这就是蒋介石的"安内"。

"九一八"以来蒋介石的所作所为，严重刺伤了广大民主人士和国民党内进步力量的爱国热情。他们公开反对蒋介石的不抵抗主义和独裁专制，甚至干脆亮出反蒋、联共、抗日的旗帜，另立党派团体，譬如宋庆龄、蔡元培、杨杏佛、林语堂、史沫特莱、邹韬奋、鲁迅、周建人发起的"中国民权保障同盟"，李济深、陈铭枢、蔡廷锴、蒋光鼐、邹韬奋在香港成立的"中华民族革命同盟"等。

国学大师章太炎对震惊中外的"九一八"事变痛心入骨，虽已是迟暮晚景，却投袂而起，奔走呼唤，号召中国应向日本正式宣战。1932年1月13日，他与马相伯、张一麐、李根源、沈钧儒、章士钊、黄炎培联名通电，谴责国民党当局的不抵抗政策。蒋介石对这位国人注目的民国元勋无可奈何。章太炎曾以反共著称，但在民族危难的关键时刻，摒弃往日的政治成见，致书蒋介石，愿意联合包括共产党在内的所有党派、团体和个人，共同团结抗日。

1933年4月，共产党提出《中国人民对日作战的基本纲领》。由于宋庆龄等人积极倡导，仅在上海公开签名表示赞同中共主张的就达10万之众。

以司徒美堂等为代表的中国致公党也发表声明，拥护反蒋抗日。"福建事变"失败，蔡廷锴被迫解甲出洋；杨虎城、冯玉祥和陶行知等受蒋介石迫害避祸美国。他们在美国都得到了司徒美堂和其他爱国侨胞的热情接待和保护。

1933年4月，张澜偕鲜英、杨达璋、杜象谷、任乃强等由重庆出发，经武汉、南京、上海、广州、香港、桂林等地，先后会见了蔡廷锴、蒋光鼐、李济深、李宗仁、白崇禧、沈钧儒、章伯钧、黄炎培、陶行知等各方面的爱国人士和军队将领。在座谈会上，李宗仁说"蒋介石没有救国救民之心，共产党则有之"，白崇禧痛斥蒋介石囚胡汉民、李济深，杀邓演达，制造国民党内部分裂，而暗中勾结日本，丧尽人心，鲜英表示"川军不赞成消灭地方势力搞统一，在外患如此严重的今日，渴望全国团结，一致抗日"。联共反蒋、抗日救国成为共识。

1935年1月，共产党在长征途中召开"遵义会议"，结束了"左"倾机会主义在中央的领导。同年10月，红军第一方面军到达陕甘革命根据地保安县吴起镇，胜利完成长征。

1935年8月1日，中国共产党驻共产国际代表团以中国苏维埃中央政府和中共中央的名义，发表《为抗日救国告全体同胞书》，即著名的《八一宣言》，以崭新的立场和语言，呼吁停止内战，组织抗日联军和国防政府，首次提出建立抗日民主统一战线的主张，把致公党列入中国"愿意参加抗日救国事业的各党派、各团体"之中。当晚，中统南京香铺营电台收听到了宣言，随即报告蒋介石及其他要员。此后，由于国内外政治气候的变化，国共两党的关系有所松动。

1935年11月10日，中国国民党临时行动委员会按邓演达的政治纲领继续战斗，在香港九龙大埔道召开了第二次全国干部会议。为同国民党彻底决裂，去掉"中国国民党"的帽子，改党名为中华民族解放行动委员会。会议通过了《临时行动纲领》和《告同志书》，规定了党的政治任务"在于完成中国反帝反日的民族革命和土地革命"，为完成这一任务，决定"同共产党合作，以马列主义作为党的思想武器"，以推动抗日为党的中心工作。这是当时第一个响应中共《八一宣言》的民主党派。共产党参与了这次党纲的修改，执笔的是时任中共香港组织负责人廖承志，传递文稿的是时任中共太平洋交通网总联络人的蔡福就。

1935年12月9日，亡国灭种的乌云笼罩着华北，弥漫于全国。北平的学生在中国共产党的领导下，发起了声势浩大的抗日救亡运动。一个月内，他们四次走上街头，不顾军警的暴力阻挠和镇压，喊出了"停止内战，一致抗日"、"打倒日本帝国主义"

第三章 分化与觉醒

1935年12月9日,北平学生在中国共产党领导下发起了声势浩大的抗日救亡运动。

等响亮口号。"一二·九"运动在全国掀起了抗日救亡运动的高潮,推动了共产党确定建立抗日民主统一战线的策略方针。青年学子们在运动中得到锤炼,成为日后革命事业的生力军。

1935年12月27日,上海文化界救国会成立,通过了章乃器起草的《上海文化界第二次救国运动宣言》,提出了建立民族统一战线、停止一切内战、释放一切政治犯等主张。

1936年,宋庆龄、马相伯、沈钧儒等知名人士在上海成立了"全国各界救国联合会",明确提出"各党各派的团结合作,共同抗日"。

民主人士的爱国行动,得到了中共的大力支持。中共先后派冯雪峰、潘汉年到上海,同章乃器、沈钧儒等救国会领袖们联系,向他们传达了毛泽东和中共中央的抗日民族统一战线政策,并同他们建立关系。毛泽东在延安两次写信给章乃器、陶行知、邹韬奋、沈钧儒,代表工农红军和苏区人民向全体救国会会员表示无限敬意,并希望今后"在各方面作更广大的努力与更亲密的合作"。

在民族危亡关头,团结、抗战、民主是共产党和民主党派实行合作的实质性共识。没有这种共识，就没有共产党与民主党派合作的历史源头。

然而蒋介石集团却无视这一切。他们诬蔑救国会组织的抗日集会"危害民国、破坏秩序"。1936年11月23日凌晨，他们出人意料地逮捕了抗日救国会的沈钧儒、章乃器、邹韬奋、李公朴、沙千里、王造时、史良七名领袖，酿成轰动一时的"七君子之狱"。

在狱中，看守找来一张宽幅宣纸，特请沈钧儒等人题写抗战诗词，留一份墨宝作纪念。年已63岁的沈钧儒首先执笔题诗一首："双眼望园扉，苦笑喊前进。闻之为泪落，神往北几省。矫矫傅将军，力遏敌胆进。联想及青岛，沈子吾夙敬。努力在前途，存亡悬一瞬。国难如此殷，吾侪乃见摒。哀我勿自馁，驼耳犹知奋。"紧接着是邹韬奋的题词："团结御侮"；李公朴的题词："老子说，天之道损有余而补不足，人之道则不然，损不足以奉有余。天道是自然的法则，我们应替天行道。"沙千里的题词："非以役人，乃役于人。"王造时的题词："我们应爱和平，但更爱正义，反抗强权。"章乃器的题词："秉出世观，下入世愿。"最后，史良奋笔写道："敌人紧逼到这步田地，只有抵抗才能死里求生，才能获得真正的和平。"

这些题词，文辞精彩，观点鲜明，其救国之志、爱国之情，溢于言表，力透纸背，为后人留下了一份宝贵的精神史料。

"救国居然有罪"！南京政府的卑劣行径，天怒人怨。国民党中央委员于右任、孙科、冯玉祥等20余人，联名致电蒋介石，要求"慎重处理"。广西的李宗仁、白崇禧敦请南京政府无条件释放"七君子"。爱国将领张学良公开质问蒋介石："这样专制，这样摧残爱国人士，和袁世凯、张宗昌有什么区别？"

然而，蒋介石依旧置民族大义于不顾，他不仅不放"七君子"，反而亲临西安继续策划围剿陕北革命根据地的军事行动。

第三章　分化与觉醒

沈钧儒的狱室高悬着他手书的"还我河山"

镇守西安的张学良、杨虎城两位将军,在劝说无果的情况下,于1936年12月12日凌晨愤然派兵把蒋介石扣押起来,引发了震惊中外的西安事变。

为了避免引起新的大规模内战,12月17日周恩来带着毛泽东给两位将军的亲笔信来到西安。共产党人深明大义,推动了西安事变的和平解决,也为第二次国共合作铺平了道路。

西安事变的和平解决,成为中国从内战转向抗战的一个转折点,也成为中共历史命运的一个转折点。

西安事变和平解决后,国共两党的武力争斗基本结束。

美国记者埃德加·斯诺在《西行漫记》一书中描述:"总司令派赴西安的使者张冲将军和共方在西安的代表周恩来谈判的结果,

□ 万水朝东

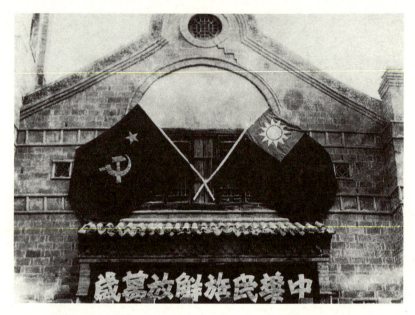

1936年4月,国共双方代表在延安天主教堂谈判,拉开了第二次国共合作的序幕。

在四、五、六月里发生了一些重要变化。经济封锁取消了,红军和外界建立了贸易关系。更重要的是,双方悄悄地恢复了交通联系。在边界上,红星旗和国民党的青天白日旗象征性地交叉挂在一起。"

为了团结国民党,宋庆龄出席了1937年2月召开的国民党五届三中全会,并发表了题为《实行孙中山的遗嘱》的演说,指出只有忠实地实行孙中山的三大政策才能救中国。从十年前宣布不再参与国民党事务到重新参加国民党的全会,从"抗日反蒋"到"联蒋抗日"这一重大转变,是抗战时期宋庆龄思想上实现的可贵的自我超越。宋庆龄的认识与共产党的战略策略主张达到了高度的一致和完全的默契。

会上,冯玉祥与宋庆龄、何香凝等人提出的《恢复孙中山先生手订联俄、联共、扶助农工三大政策团结御侮案》获得通过。

此后，国民党逐步转向抗日，共产党倡导的抗日民族统一战线初步形成。

蒋介石希望采取合作方式共同抗日。问题是如何才能消除两党十年内战的结怨，彼此增进信任呢？

1937年5月31日，蒋介石找来周恩来，说有一个主意，为了使两党合作更加紧密，取消国民党，也取消共产党，"组织国民革命会，双方各推代表五人"，共同组织一个新的政党"国民革命同盟会"。

蒋介石的这种主张并不能轻易实现。尽管红军改编后隶属于国民政府军事委员会的战斗序列，蒋介石坚持共产党部队需直属军委会行营，但共产党始终没有放弃对军队的独立领导权。

蒋介石既想利用共产党，又害怕共产党；所以在与共产党谈判时，始终存在着两面心理。蒋介石在日记中评价共产党"纪律最严，方法最精，组织最密，任何党派所不及"。在军事指挥权属问题未能解决时，蒋介石必然存在着对共产党的猜忌。抗战形势一旦缓和，这种猜忌势必加深。蒋介石认为，解决两党分歧的有效方式，就是实现合并，反对"跨党"，他担心兼有双重党籍的共产党员不能忠实于国民党。

然而，共产党基于内战时期的隔阂，并不会轻易答应两党"合并"，也不会轻易赞成组织"国民革命同盟会"。如任弼时所言："蒋介石企图把中国各个党派统一于他的控制之下，以逐渐削弱溶化共产党。他在抗战爆发前曾提出一种合作方式，是在两党之上成立一个共同的党，两党分子均可加入，由两党选出同等数量人员组织最高委员会，而以他为主席，主席有最后决定之权，两党必须服从这最高机关的决议而行动，共产党不再与第三国际发生关系，即由最高委员会与第三国际发生关系。他这一建议，被我们拒绝了。"

毛泽东及其共产党人，对国民党的抗战提出了真知灼见，建议将"国民革命同盟会"作为一个统一战线组织，别的党派也可以参加，拥护蒋介石为领袖。然而，对于这些建议，蒋介石多次都以摇头作为答复。

随着共产党的政治影响一天天扩大，迫使蒋介石不得不一次次重新审视共产党及其抗日主张。

1937年2月至9月，国共代表共举行了6次正式谈判，历时7个月。1937年9月，蒋介石接受《中共中央为公布国共合作宣言》，公开承认共产党合法地位的基础，这一举动成为共产党大力倡导和组织的抗日民族统一战线得以正式形成的重要一环。公开分裂、对抗达十年之久的国共两党，在抗日战场上再次成为并肩作战的友党，实现了第二次国共合作。

第二次国共合作，建立起更加广泛的抗日民族统一战线，促成了全国人民空前的大团结，使不可一世的日本侵略者最终陷入了人民战争的汪洋大海。这是中华民族转危为安、从积弱走向自强的历史转折点。

1936年末，日本参谋本部次长西尾寿造中将率领10名将官在京都、名古屋进行了一次纸上军事演习，演习的内容是：先进攻中国，然后对苏作战。所有的现役和预备役大将都参观了演习。

演习很快变成实战。

1937年7月7日，日本华北驻屯军以不到8000人的兵力，对拥兵10万的国民革命军第二十九军发动卢沟桥事变，1个月后华北沦陷。日本统治集团认为中国已经不堪一击，6个师团在3个月之内可以征服中国。

中华民族的命运又一次跌入历史的谷底。

在抗日战争前的十年中，国民党政府经过努力，已经使中国

第三章 分化与觉醒

这个积弱已久、四分五裂的国家初步实现了形式上的统一,社会经济逐步走向正轨。卢沟桥的一声枪响,打破了所有中国人对于美好未来的幻想,打断了中华民族向现代化转型的过程,使国民党政权在战争中百疾缠身,统治趋于解体。

卢沟桥的枪声,也成为中国人民抗日民族解放战争打响的信号,中华民族开始了凤凰涅槃的历程。

从"七七"事变到1938年10月,侵略者气焰嚣张,短短16个月就攻占了9个省会,北平、天津、上海、武汉、广州等大城市和一大批县城,直逼首都南京。日军铁蹄踏遍了平汉、津浦、平绥铁路沿线和长江下游沿岸及珠江三角洲地区,控制了华北、华中、华东广大富庶地区。东部铁路线大多陷于敌手,西部大后方的汽车运输又因沿海口岸的相继陷落,失去进口燃料而几陷瘫痪,不得不又重新组织起人拉马驮的原始运输方式。

驻守卢沟桥的中国军队士兵

中国人在空前的灾难和历史考验面前，结成了一个日益坚强的整体。

国共两党领袖频繁发表讲话、声明，在西安、南京、上海、武汉、庐山、衡山等地频繁会晤，紧急共商前线战局、两党合作事宜和迁都大计，不仅在国家性质与合作基础上达成空前共识，而且在抗日战略思想与前途展望上，共同体现了中国政治家的智慧、眼界和信心。

"七七"事变翌日，中共中央立即发表通电，呼吁"全中国同胞、政府与军队团结起来，筑成抗日民族统一战线的坚固长城，国共两党亲密合作抵抗日寇的新进攻！"

1937年7月15日，《中国共产党为公布国共合作宣言》强调："孙中山先生的三民主义为中国之必需，本党愿为其彻底实现而奋斗"，宣布"取消苏维埃政府，实行民权政治"，"取消红军名义及番号，改编为国民革命军"，同时"取消暴动政策、赤化运动、土地政策"，从而"求得与国民党的精诚团结，巩固全国的和平统一，实行抗日的民族革命战争"。

蒋介石则在《对中国共产党宣言的谈话》中表示："总之，中国立国原则为总理创制之三民主义"，现阶段需"集中整个民族力量，自卫自助，以抵暴敌，挽救危亡。中国不但为保障国家民族之生存而抗战，亦为保持世界和平国际信义而奋斗！"蒋介石还在《告抗敌全军将士书》中称，这次抗战，是以广大的土地和敌人决胜负，是以众多的人口和敌人决生死。

卢沟桥事变发生时，国民党中央正邀集文化教育界学者名流和党派领袖人物到庐山举行谈话会，商议国是。日军大举进攻在即，华北的战争危机成为谈话会议论之焦点。蒋介石发表演讲强调：日本军队向卢沟桥进攻，绝不是一个局部问题，而是中国存亡的关头。国民政府下定了抗战决心，采取了"不求战必应战"

的方针,这同"九一八"事变时采取的"避战"方针是大不相同的。

1937年11月17日凌晨,在严密的保安措施和新闻封锁下,年逾古稀的国民政府主席林森率领一千余名官员,携带中华民国印信旗幡,穿过挹江门,漏夜登载内河装甲兵船"永绥舰",撤离南京。3天之后,前方将士和中外各界才从《国民政府移驻重庆宣言》中获悉此事。15天后,中华民国首都南京失据,30万南京市民惨死在日军屠刀之下。

国民政府迁都重庆后,重庆各报出版发行《联合版》,使当时中国最为重要的,拥有不同背景、主张、性质的10家报社暂时走到了一起,它是战时中国特殊的历史背景下各党派、各报社求大同、存小异的结果,是战时中国新闻界在国家民族最高利益下捐弃成见、团结一致、共同对敌的体现。

1938年5月,毛泽东在《论持久战》中指出:争取抗战胜利的关键,在使已经发动的抗战发展为全面的全民族的抗战。

朱德也写下《论抗日游击战争》一文,呼吁"把各党、各派、各阶级、各宗教的同胞,在爱国家、爱民族的大义下团结和组织起来,为祖国而战",抵制了"亡国论"的消极影响。

这一时期,全国范围内的民族民主运动空前高涨,一批以争取民族独立、建设统一的中国、振兴中华为己任的民主党派和团体应运而生。这种变化,活跃了中国政党政治,国内政治势力在寻求各自战略地位的同时,也构成了新增的政党主体。

国共合作政治氛围的出现,推高了各民主党派、进步团体的抗战热情。他们广泛宣传民众,影响遍及大江南北。

国内各派政治力量的空前团结,激发了广大爱国工商者以及各界民众的抗战积极性。他们纷纷出钱出物,支援前线,支援抗日革命根据地。

□ 万水朝东

物理及地质学博士、时任国民政府经济部长兼资源委员会主任委员和工矿调整处处长的翁文灏，是中国最早意识到石油在未来工业中重要地位的人。他委托钱昌照、孙越崎二人亲往玉门实地考察，做出开发规划。整个抗战期间，玉门油矿从小到大，不断发展，虽历经日本飞机轰炸、井喷大火和特大洪水等重重艰难险阻，但生产从未中断，从1939年到1945年，共实现原油产量7866万加仑，精炼汽油1303万加仑，煤油511万加仑，柴油近72万加仑，此外还有大量的石蜡等副产品。今天看来这些产量微不足道，可在当时却给抗战增加了巨大的物质力量。抗战时期川、甘、陕、新及宁夏、青海部分区域的用油几乎皆赖其供应。

这期间，担任玉门油矿总经理的是孙越崎。国民党从大陆败退台湾前夕，孙越崎拒绝了蒋介石的多次命令，冒着生命危险，

孙越崎

动员和率领三万多名技术人员（其中60%是高级知识分子和留学生）、约70万员工集体投向共产党，使近千个重工业企业、矿山完整地回到人民的手中，大批科技人才留在大陆成为建设骨干。解放后孙越崎担任民革中央监察委员会主席、政务院财经委计划局副局长。

抗战是一场民族利益高于一切的战争，除了少数奴颜婢膝、卖国求荣的汉奸之外，中国人的敌我界限是划得很清的，在民族大义面前，怯懦的人会变得勇敢无畏，悭吝的人也会慷慨解囊。

在东南亚各国，在欧美等地，爱国华侨主动建立起各抗日组织的分支机构，集资捐款，支持国内抗战。

影响规模和贡献最大的当为南洋华侨筹赈祖国难民总会。1941年，全国抗日正规军300个师约300万人，每月食饷军费约4650万元。南洋华侨每月捐款高达1000万元，如果将捐款存入银行作为纸币基金，在国内可发行4倍纸币，即达4000万元。

司徒美堂以七秩高龄之身，辞却他职，亲自发动美东地区侨社成立"纽约全体华侨抗日救国筹饷总会"，不辞辛劳奔走呼号于美国、加拿大、古巴、秘鲁、巴西、巴拿马等国，宣传抗日救国，发动侨胞募捐。抗战期间募集了约330万美元的巨款。

1937年7月至1940年10月，海外华侨捐献飞机217架，仅美国华侨献机就有50架。从1937年到1941年年底，国民政府总收入约为226亿，华侨汇款达53亿，相当于国民政府总收入的四分之一，将近国民政府军费开支的二分之一。除将捐款汇给国民政府外，还有大批捐款物资直接送到八路军、新四军和华南抗日纵队手中。华侨汇款在战时中国经济中有举足轻重的地位，有人把华侨称为"抗日长城"，而日本政府及学者则都把抗战时期的侨汇统统直接称为"抗日战费"。

与此同时，15批共3192名南洋华侨汽车驾驶员、技术工人和

20万滇西各族人民一道，流汗流血，用一双双赤诚之手筑成了滇缅公路，完成了华侨史上一次人数最为集中、组织最为有序、经历最为悲壮、影响最为深远的爱国行动。滇缅公路是抗战时期唯一的国际大通道，所有军需物资都由滇缅公路输入，它是运输大动脉，是抗战输血管，是坚持抗战的生命线。

抗战初期，国共组成抗日民族统一战线。在此旗帜下，两党有过一段同仇敌忾、共御外侮的团结合作的岁月。在蒋介石统领下，国民党政府表现积极，爱国官兵不畏强敌，浴血奋战，挫败了日本侵略者声称"三个月占领中国"的神话。

但抗日战争就是这样一颗"毁灭的种子"，不光毁灭了日本侵略者，也毁灭了国民党政权。

中国人民在抗日战争中的巨大牺牲，赢得了世界反法西斯人民的钦服，中国和苏联、美国、英国并列为"四强"。然而，作为"四强元首"之一的蒋介石和国民党在抗战后期的表现与"四强"地位并不相称。仅在1944年4月至12月，在世界其他反法西斯战场和中国敌后战场不断取得进展的情况下，国民党战场却出现豫、湘、桂战役的接连惨败，丢失146座大小城市和大片国土，暴露了国民党的无能。也正因为如此，一些盟国并不把蒋介石放在眼里，在中国成为"四强"之后，中国数次被拒绝参与有关国际会议，甚至有关中国事务或计划的商讨也被排除在外。

抗战进入相持阶段后，国民党顽固派消灭共产党、扼杀进步力量的念头，又重新膨胀起来。他们蓄意破坏国共合作，公开策划投降、分裂活动。抗日军民用鲜血换来的团结抗战局面，笼罩着一团浓重的阴影。

1939年，国民党通过了"限制异党活动办法"。共产党本来是朋友、是战友，现在变成了"异党"，斗争由此产生。国共两党相互独立的军事指挥系统和松散的合作方式，也注定了此后摩擦事件的不断发生。

国民党在对共产党领导的陕甘宁边区实行军事包围和经济封锁的同时,还实行政治隔离和新闻封锁。蒋介石为维护一党专政,不惜欺骗舆论,蒙蔽盟邦,给共产党领导的抗日武装横加种种罪名,诬蔑共产党"破坏抗战,危害国家",并将反共摩擦的重点逐渐转向华中,新四军这支"异军"已成为其眼中钉、肉中刺。

1941年1月4日,蒋介石在制造一系列军事摩擦之后,又在安徽省茂林策划了令人发指的皖南事变。新四军番号被撤销,军部被摧毁,军长叶挺被扣,副军长项英被害,新四军将士9000余人中仅有2000余人分散突围,其余的均壮烈牺牲、被俘或失散。

对于共产党领导的一支"精忠报国"的抗日军队,国民党当局竟下如此毒手,真是冒天下之大不韪。尽管罗斯福的美国政府对蒋介石的"苦心"表示"理解",但美国的左倾者十分同情共产党;中国的广大民众更希望国家不起内争、不影响抗日。在全国人民群起谴责下,国民党当局陷于空前孤立的境地。蒋介石为了缓和国共紧张关系,轻描淡写地把"新四军问题"归为"军纪"问题。

共产党在国际上的形象一直被国民党的宣传机器妖魔化。为还共产党在抗战中的负责任政党的形象,1942年5月下旬,周恩来在重庆会见美国记者斯诺时,诚恳地希望美国军事代表团和美国记者去延安参观访问。他还委托斯诺将八路军、新四军抗战业绩的资料带给罗斯福的顾问居里,并附信表明:尽管已经两年多没有得到国民政府的任何补给,在装备上远逊于国民党军队,但却牵制着日本在华兵力总数的将近一半;同盟国提供给中国的援助,理应有坚持抗日的八路军、新四军的一部分;不论在何种困难的情况下,共产党都必定坚持抗战、反对内战。

随着抗日战争的深入发展,越来越多的美国人、包括美国的

□ 万水朝东

1938年夏，周恩来、邓颖超夫妇在武汉与美国记者斯诺合影。

一些政要都注意到，共产党领导的军队是中国全民抗日的中坚力量。1943年1月，美国驻华大使馆二等秘书兼中缅印战区司令政治顾问约翰·谢伟思最先提出，美军应向延安、华北和西北抗日根据地派出观察组。他指出，只有这样才能了解共产党，才能解决有关共产党的政治、军事、经济情况的迷惑。

抗战以来的国共两党之争，并不仅仅是两种政治势力的单独较量，而是以共产党为代表的，包括各民主党派的民主力量与蒋介石等顽固派势力之间的政治抗衡。

在大后方，国民党顽固派也加快了摧残民主力量、消灭异己的步伐。逮捕民主人士杜重远；拘留爱国知识分子马寅初；查封邹韬奋的生活书店。一桩桩一件件，彻底暴露了国民党政府消极抗战、积极反共的反动立场。

各民主党派普遍地萌生了失望和不满情绪，与共产党携手在全国范围内开展了一次规模空前的，旨在要求结束一党专政、实行民主宪政的政治运动，为时一年之久，给当时的社会各阶层带来了极大的震撼。

以1939年9月的国民参政会一届四次会议为发端，共产党和各民主党派齐心协力、共同斗争，一致强烈要求国民党政府取消各种政治压迫行为，保障各抗日党派的合法权利。议长蒋介石表示接受国民参政会决议，决定于1940年11月21日召开国民大会，制定宪法。

轰轰烈烈的宪政运动由陪都重庆始，以星火燎原之势迅速蔓及全国。在中共的倡导下，宪政运动的浪潮在各敌后抗日根据地迅速掀起，鼓舞和推动了国统区和大后方民主党派的宪政运动。国民党顽固派虽然表面上作了实施宪政的允诺，但实际上千方百计地对宪政运动予以阻挠和破坏。1940年9月，当局以战乱交通不便为由，宣布国大的召开"日期另定"，将其推之于杳杳。

历时一年之久的第一次宪政运动虽然被国民党当局压制了，但它教育了各阶层人民，开启了民智，使民主宪政意识深入人心。它在思想和组织上教育、锻炼了各民主党派和民主人士，使他们认清了国民党顽固派坚持一党专政的本来面目，并在运动中和中国共产党结成了深厚的友谊，为双方以后的进一步合作奠定了基础。

1941年3月，在共产党的支持和帮助下，以部分国民参政员于1939年11月成立的"统一建国同志会"为基础，由中国青年党、国家社会党（后改称民主社会党）、中华民族解放行动委员会（后改称中国农工民主党）、中华职业教育社、乡村建设协会的成员及其他人士联合组织的中国民主政团同盟，在重庆上清寺"特园"秘密成立。中国民主政团同盟最初的政治主张是"贯彻抗日主张，实践民主精神，加强国内团结"，并积极组织成员参加国民党统治区的民主宪政运动。1941年10月10日，在香港的机关报《光明报》发表《中国民主政团同盟成立宣言》和《中国民主政团同盟对时局主张纲领》。1942年，全国各界救国联合会加入，中国民主政团同盟遂成为集合"三党三派"的政治党派。1944年9月，中国民主政团同盟在重庆召开全国代表会议，决定将名称改为"中国民主同盟"，由团体会员制改为个人申请参加。同年10月，发表《对抗战最后阶段的政治主张》，响应共产党提出的建立民主联合政府的号召。

参加民盟的有张澜、黄炎培、沈钧儒、左舜生、梁漱溟等创始人，也有李济深、潘光旦、吴晗、费孝通等社会名流；此外，刘文辉、潘文华和龙云等地方实力派也秘密加入了民盟。

抗战时期，国统区聚集了大批知识分子，他们是国统区坚持团结抗战、民主进步的生力军,是民族抗战的重要宣传者,战时民主的重要追求者,民族文化的重要保护者。

毛泽东明确说过:"没有知识分子的参加,革命的胜利是不可能的。""工农没有知识分子帮助,不会提高自己。工作没有知识分子,不能治党、治国、治军。"

中共中央对知识分子政治上指引,道义上声援,学术上鼓励,生活上关心,危难时解救。

抗战初期,上海、南京相继陷落后,大批知识分子滞留在那里,无法脱身。周恩来指示在上海的潘汉年,设法将沪、宁等沦陷区的文化界人士和民主人士转移到战略位置重要且未遭战火威胁的广州。不久以后,广州陷落,汇集该地的知识分子又先后被转移到香港。皖南事变后,国民党加紧了对左翼文化人的迫害,为保护他们的安全,周恩来主持南方局部署大范围地将重庆、昆明、桂林等国统区的文化人疏散到香港。通过中共先后安全到达香港的知识分子有:胡愈之、郭沫若、柳亚子、茅盾、夏衍、巴金、邹韬奋、蔡元培、杜国庠、章乃器、杜君慧、司徒慧敏、蔡楚生、胡绳、柳无垢、沈西苓、萨空了、许幸之、徐铸成、任白戈、欧阳予倩、林林、戴望舒、杨刚、杨潮(羊枣)、恽逸群、刘思慕、萧红、端木蕻良、金仲华、叶灵凤、萧乾、楼适夷、施蛰存、徐迟、徐达、马国亮、靳以、叶以群、吴其敏、马思聪、费穆、严谔声、吴永刚、续叔章、周鲸文、司马文森、郁风、周钢鸣、于立群、姚潜修、叶文津、彭启一、汪馥泉、林焕平、华嘉、高汾、高灏、黄苗子、张铁生、姜君辰、范长江、戈宝权、胡风、章泯、丁聪、宋之的、千家驹、廖沫沙、张尔华、于令、于毅夫、黎澍、李凌、张友渔、韩幽桐、黄药眠、凤子、舒强、葛一虹、沙蒙、胡仲持、沈志远、张明养、贺绿汀、袁水拍、叶浅予、冯亦代、张光宇、张正宇、华君武、余所亚、张谔、胡一声、黄秋耘、李章达、任毕明、梁若尘、林语堂、李凡夫、叶君健、胡宁婴、王礼锡、李南桌、陈群葆、马国基、金山、王莹、梁漱溟、胡考、乔冠华、盛舜等。

1941年12月7日,日军偷袭珍珠港,太平洋战争爆发。此后仅仅18天,香港便被日寇占领。这时,在香港的大批知识分子,面临着被日寇围捕和杀害的危险。为保护这批知识分子,中共中央下令"不惜一切代价"做好营救工作。在日军向港九发起进攻的当天,周恩来致电廖承志、潘汉年、刘少文等,就转移计划、路线甚至一些细节均做了交代。广东地方党组织和东江游击队具体负责护送这批知识分子离港,从1941年年底到1942年年初,经过几个月的奋战,几经周折,历尽艰险,共营救出知识分子及其家属800多人。其中有:何香凝、柳亚子、陈汝棠、李伯球、梁漱溟、邹韬奋、茅盾、张友渔、胡绳、千家驹、黎澍、叶籁士、范长江、金仲华、乔冠华、梁若尘、夏衍、胡风等等。共产党的这

1945年7月,毛泽东、朱德、周恩来等中共领导人在延安迎接国民参政会参政员。

次营救，得到了国内外各界的广泛赞誉，被营救离港的知识分子更是对共产党感激、赞誉有加，由衷地表示："这是真正的肝胆相照，生死与共。"

两次大转移使共产党在知识分子中的威望大大提升，也使得知识分子在感情上更加倾向于共产党。

黄炎培在日记中曾写道："共产党领袖对民主党派的态度是：以诚相待、思想见面；患难与共、真诚合作。"

著名作家老舍在抗战胜利后，曾对妻子胡絜青说："这几年，我别的长进也许不怎么大，但是非曲直总算看清楚了：救中国还得靠这个——"，说到这里，他用手指比画出了一个"八"字。老舍不仅说出了自己的心里话，也道出了国统区大多数知识分子的心声。正是以知识分子为主体的民主党派，引导着社会的舆论，并很大程度上影响了中国的政治走向，共产党最终取得胜利并夺得政权，与此不无关系。

据不完全统计，从1938年5月到1945年12月，共产党与民主党派举行的各种形式的聚会有120次之多。

当时在重庆、武汉、南京等地工作的周恩来、董必武、叶剑英、邓颖超等，经常与民主党派领袖、著名无党派民主人士在一起交流思想，分析时局，研究斗争方略。

通过接触，各界人士逐步意识到，反内战、反独裁，靠一党一派的力量是不够的。只有联合起来组成统一战线，才能夺取胜利。

1939年7月7日，正是抗日战争爆发两周年纪念日。这天，也是华北联合大学正式成立并举行开学典礼的日子，成仿吾校长邀请毛泽东作报告。那时华北联大经中共中央决定迁到敌后根据地去办校，不日即将出发。所以毛泽东讲话的主要内容，就是号召大家"深入敌后,动员群众,坚持抗战到底"。

毛泽东讲演时谈笑风生地引用古典小说《封神演义》里的一个故事,说:"当年姜子牙(姜太公)下昆仑山,元始天尊赠了他杏黄旗、四不像和打神鞭三样法宝。现在你们出发上前线,我也赠你们三样法宝,这就是:统一战线、游击战争、革命团结。"毛泽东说这是我们党领导人民进行革命十八年的经验。这次讲演几个月后,1939年10月,毛泽东在《〈共产党人〉发刊词》一文中,提出"统一战线,武装斗争,党的建设,是中国共产党在中国革命中战胜敌人的三大法宝"的著名论断。统一战线摆在"三大法宝"的首位。

"统一战线"这个概念最早由恩格斯在《唯物论与虔诚主义》一文中提出并使用,见于1840年10月17日德国《知识界晨报》第249期。

"统一战线"是翻译名词,译自英文"United Front",词义通常是"联合战线"、"统一战线"。

中国共产党人最早使用"联合战线"概念的是陈独秀,在1922年5月23日《广东群报》上发表的《共产党在目前劳动运动中应取的态度》一文中。毛泽东、蔡和森、恽代英也都在不同场合使用过联合战线或民主联合阵线的概念。1922年7月,中共二大正式将"民主的联合阵线"写进党的文件。

中国共产党人最早使用"统一战线"概念的是瞿秋白,在1925年8月18日发表的《五卅后反帝国主义联合战线的前途》一文中。

所谓统一战线问题,实质上就是无产阶级及其政党如何组织和领导同盟军的问题。

中国社会性质与社会结构决定了作为核心力量的任何政党要支撑起中国革命和现代化的发展,都必须广泛联合各种积极的社会和政治力量，建立广泛的同盟，从而在巩固领导的基础上充分发挥核心力量的作用。然而，"中国无产阶级应该懂得：他们自己虽然是一个最有觉悟性和最有组织性的阶级，但是如果单凭自己一个阶级的力量，是不能胜利的。而要胜利，他们就必须在各种不同的情形下团结一切可能的革命的阶级和阶层，组织革命的统一战线。在中国社会的各阶级中，农民是工人阶级的坚固的同盟军，城市小资产阶级也是可靠的同盟军，民族资产阶级则是在一定时期中和一定程度上的同盟军，这是现代中国革命的历史所已经证明了的根本规律之一"。

中国共产党对其领导的革命、所要建设的国家的认识以及对其自身在其中地位与作用的自觉意识，使得共产党把统一战线建设作为增强党的领导、实现党的纲领与路线方针政策、巩固党在中国社会中的核心地位的重要法宝。

将统一战线喻为"法宝"，是毛泽东对统一战线重要性最为通俗而精确的概括。中国共产党是统一战线的组织者，也是统一战线的核心和支柱。

将统一战线喻为"法宝"，廓清了关门主义的影响，提高了全党对统一战线和多党合作重要地位和作用的认识，促进了抗日民族统一战线的发展，为中国共产党团结民主党派共同奋斗奠定了坚实的理论基础，具有长期而重要的意义。

在整个抗日战争期间，基于共同的政治主张和相通的利益要求，共产党与民主党派患难与共、互相帮助、彼此支援、亲密合作。各民主党派积极支持共产党提出的民主、抗战、团结三大口号，在共产党领导的抗日民族统一战线旗帜下，严谴国民党投降派的分裂行径和国民党顽固派的反共摩擦，与共产党一道坚持抗战、维持团结、推动民主，最终取得了抗日战争的伟大胜利。

中国革命和建设的历史表明，统一战线不仅是中国共产党生存与发展的基本战略,也是中国共产党领导革命、组织社会、建设国家的工作途径。统一战线围绕着中国共产党领导展开,构建中国社会各阶级政治力量的联合与团结。中国共产党通过统一战线的发展,逐渐从社会与政治的边缘性政党发展为核心性政党,从而成为中国革命的领导力量。

统一战线像一个巨大的磁场,把各民主党派和其他爱国民主人士团结起来,并促使他们在政治上实现了历史性跨越。

第四章 凝聚与收获

1942年年底,宋庆龄在重庆家中举行欢送董必武等人返回延安的茶餐会。周恩来、邓颖超和冯玉祥、李德全等应邀出席。大家虽然党派不同,信仰各异,但为抗战胜利、振兴中华结成了真正的朋友。李德全指着壁炉架上挂着的、宋庆龄到农民家里访问时带回的两株稻穗,赞叹简直就像金子一样。宋庆龄取下稻穗微笑着说:"这比金子还宝贵呢!我们的国家自古以来就是农业大国,农民占全国人口的绝大多数,年年五谷丰登,人民才有好日子过。在几亿农民的心目中,这饱满的稻穗不是比金子还宝贵吗!"周恩来感慨地说:"孙夫人说得好,人人都有工作做,人人都有饭吃,这一天不会很远;年年五谷丰登,人民有好日子过,会有这一天的。孙先生在《建国大纲》中提出的设想,一定会实现的!将来人民坐天下,一定会把这两株稻穗画在新中国的国徽上!"7年后,中华人民共和国成立,两株金光闪闪的稻穗铭刻在新中国的国徽上。

1945年2月,重庆发生了国民党特务打死电力工人胡世合的事件。《新华日报》揭露了事件真相,引起了各界人民的公愤,许多民主党派、民主团体动员成员积极参加反国民党特务的斗争,形成了强大的舆论力量,迫使国民党当局不得不把特务田凯枪决。同时,郭沫若起草了要求保障民主自由、反对专制独裁、坚持团结抗战等6项意见的《对时局进言》,发动知名人士签名,《新华日报》刊登了这一消息,影响很大。蒋介石看后大为震怒，把中统头子徐恩曾、张道藩找去大骂了一通，责问他们：那么多知名人士怎么都被共产党拉去了？

邓宝珊是国民党西北军的重要将领，颇具文人风范，被誉为"儒将"。邓宝珊多次到延安，与毛泽东、朱德、贺龙等晤谈。1939年邓宝珊患牙疾，毛泽东派牙医到榆林为他治疗。邓宝珊到延安时总会捎些好纸烟送给毛泽东。1943年5月，共产国际宣布解散，蒋介石乘机掀起第三次反共高潮。蒋介石电令邓宝珊绕道宁夏去重庆，他反其道有意经过延安，并留住20多天。毛泽东与他彻夜长谈，使邓宝珊坚持团结抗战、争取民主建国的思想更加明确。他到重庆后，大胆忠告蒋介石："我愿把领袖拥护成华盛顿，不愿把领袖拥护成拿破仑。"蒋介石心怀恼怒，放弃了调任邓宝珊为甘肃省主席的打算。

第四章 凝聚与收获

1945年8月15日,日本天皇裕仁向全国臣民发布《停战诏书》,也就在这一天,日本政府的正式投降照会,由瑞士驻华大使馆转致中国政府。

陪都沸腾了。最先得知消息的美国官兵立即涌上街头向路人狂呼、乱喷啤酒、飞撒糖果……向来感情含蓄的中国民众,情不自禁地和素不认识的同胞握手、拥抱,呼喊:"日本鬼子投降啰!小日本完蛋啰!"全市餐馆酒楼,从早到晚座无虚席,碰杯笑声一片……

延安轰动了。窑洞里的毛泽东笑了,欣然提笔题词:"庆祝抗日胜利,中华民族解放万岁!"宝塔山笑了,延河水笑了,秧歌队越扭越大,完全卷成一片人海了!

在共产党领导的晋察冀、晋冀鲁豫、华中,边区政府印刷胜利号外、传单,组织宣传队,写黑板报、大字报。乡村、城镇,人们奔走相告;小贩把红枣、水果撒向空中……

这一天,长城内外、大江南北,到处都在敲锣打鼓、欢呼游行,鞭炮彻夜、火把通宵,欢腾声响彻神州大地。

在四川青城山上养病的军事委员会副委员长冯玉祥眼泪哗哗向下落。有人问:"胜利了,为什么落泪呀?"冯玉祥说:"这是几千万条人命、几百万条腿、几百万条胳膊、一条大河似的鲜血换了来的,怎不落泪呢!"

当年《新华日报》社论这样写出了人们的心声:"半世纪的愤

□ 万水朝东

抗战时期的冯玉祥

怒,50年的屈辱,在今天这一天宣泄清刷了。8年间的死亡流徙,苦难艰辛,在今天这一天获得了报酬。中国人民骄傲地站在战败了的日本法西斯者前面,接受了他们的无条件投降,这是怎样的一个日子呀!谁说我们不该欢喜得发疯?谁说我们不该高兴得流泪呢?"

抗日战争是一次完胜,也是一次惨胜,中国付出了伤亡3000万军民、损失1000亿美元的高昂代价。

战争无情地打乱了中国近代化的进程。百废待兴,重建家园,是时人最强烈的愿望和最迫切的要求。

抗战结束后,如何组织好战后的复员、接收,无疑是对国民政府的一次考验。然而,由于脆弱的组织力、凝聚力和意识形态的吸引力以及内部更加脆弱的派系结构,国民党在缺乏最低限度的制度监督下陷入了"爆炸性腐败"失控状态,终于以少数人的短时间愉悦换来了丧失民心的恶果。有批评指出："在短短的几十天内，那些曾经沦陷七八年的广大土地，竟复宣告了第二次的沦陷！第一次，那些土地沦陷给'中国军事'的敌人，而这一次，却沦陷给'中国政治'的敌人。"

其实，抗日战争的胜利，为中国政治局势的演进打开了新的局面。国际反法西斯战争胜利后，寡头政治、独裁统治遭到唾弃，民主成为一股不可抗拒的历史潮流，反对一党专政、实现民主、建立联合政府的主张，逐渐成为中国各阶层的共识和强烈的呼声。当时中国拥有前所未有的国际地位与全新的进步起点，按照国共两党的和平协定，争取和平民主的道路似乎是有可能的。但革命与反革命的对抗性质，注定这条路走不下去。

中国究竟向何处去，一时间许多人看不清眉目。

1943年年初，国民党以蒋介石的名义抛出颇具理论色彩的《中国之命运》一书，据说是陶希圣写的。书中认为英美思想与苏俄思想的对立，"不切于中国的国计民生，违反了中国固有的文化精神"，只有三民主义才是挽救中国的灵丹妙药，鼓吹战后实行法西斯主义，继续维护独裁统治。

蒋介石的论调理所当然地为共产党人反对，即便是国民党内部清醒之士也不以为然。张治中说："《中国之命运》一书在发表以前，不仅外国友人，即干部中也多持不必发表之意见，乃今检查此书发表以后之影响，当了然当时认为期期不可者实非无见。"

针对蒋介石所谓"没有三民主义就没有抗战，没有中国国民党就没有革命"的说法，1943年夏天《解放日报》头版以整版篇幅发表陈伯达的《评〈中国之命运〉》，指出："事实又是如此：没有中国共产党，则三民主义就没有新的内容（首先是民族主义中的反帝废约的内容）；没有中国共产党，就没有大革命以来直至今日的中国国民党；没有中国共产党，则不但大革命的局面不难设想,即六年来大抗战的局面亦不可设想。中国共产党生来就是为民族和人民谋利益的,而它帮助人做好事,本来也没有自夸的必要,但是许多狠心的国民党人对于中国共产党不但采取'过河拆桥'的手段,而且还极尽其造谣诬蔑之能事。"这是当年对蒋反共思想进行批判的一种共识。

曾对中共理论有过研究、后沦为国民党御用文人、专职研究三民主义的叶青,认为马克思的"共产主义产生于资本主义发达的欧洲,阶级分化明显,是欧洲社会发展之产物,仅仅适合于欧洲",并不合乎中国国情,"与中华民族没有关系"。对于叶青等人的攻击,中共给予了坚决痛击;对于一些误解和疑虑,中共思想界给予耐心解释:共产主义是革命发展的将来阶段实行的,共产主义者现阶段不梦想实行共产主义,而是要实行历史规定的民族革命主义和民主革命主义,这是共产党提出建立抗日民族统一战线和统一的民主共和国的根本理由。

抗战结束时,共产党已拥有120万党员,建立了面积达100万平方公里、近1亿人口,地跨华北、华中、华南的19块解放区,人民军队由抗战初期几万人发展到120万人,民兵发展到260万人。共产党在敌后根据地进行了以新民主主义为内容的社会改革,建立抗日民主政权,实行减租减息等政策,人民群众真正当家做主人。抗日根据地不仅是全国抗日的模范,也是全国民主的模范,更是一个与旧中国不同的新中国的雏形,代表着历史前进的方向。

1940年,毛泽东在勾画中国共产党所要建立的新国家、新政权时指出:"在中国,事情非常明白,谁能领导人民推翻帝国主义和封建势力,谁就能取得人民的信仰,因为人民的死敌是帝国主义和封建势力、而特别是帝国主义的缘故。在今日,谁能领导人民驱逐日本帝国主义,并实施民主政治,谁就是人民的救星。历史已经证明：中国资产阶级是不能尽此责任的，这个责任就不得不落在无产阶级的肩上了。"

共产党对未来中国民主共和的选择：资产阶级专政的共和国不可行；几个革命阶级联合专政的共和国是适合中国的模式。

1945年，毛泽东发表了《论联合政府》，主张废止国民党的专政，建立民主联合政府。

1945年4月，共产党七大召开，毛泽东在所作的开幕词中，把《论联合政府》和蒋介石的《中国之命运》并提，作为中国的两种命运。共产党的政治主张得到了民主党派的积极响应和拥护。

中共七大召开期间，国民党六大也于5月5日至21日在重庆复兴关（浮图关）中央青年干部学校召开。大会的中心议题是讨论共产党问题，坚持国民党一党专政，抵制联合政府，把妨碍抗战、危害国家的罪名强加在共产党头上，准备内战。

毛泽东与周恩来在中共七大会议间隙交谈

两个前途、两种命运的分野随之呈现出来。各派政治力量，在国共两党之间，在和平、民主还是内战、独裁的冲突中，再次面临抉择。

由于中国地域之广、人口之多、形势之复杂、政治之微妙，战后中国一时党派纷立，颇有政党政治的声势，形成继民初之后的又一党派政治高峰期。据不完全统计，战后初期涌现出了105个大小不一的党派。

20世纪40年代，中国社会形成了三大政治力量并存的格局：国民党、共产党与中间党派。

当抗日战争的烽火仍在熊熊燃烧之际，政治家们已在思考战后国家的重建了。当时，一般民众、特别是知识分子和青年对国民党已非常不满，实现政治民主的呼声日益高涨。在这个大背景下，国共两大政治力量之间实际存在的不"左"不"右"之广大人群及其政治代表，一般统称为中间党派，也称"第三方面"或"第三势力"。中间党派对推动中国政治的民主化与宪政建设做出过重大贡献。

中间党派，既包括1923年成立的老牌政党——中国青年党、1934年成立的国家社会党（1946年改名为中国民主社会党，即民社党），也包括1941年成立的民盟，以及战后刚刚成立的民建等。中间党派多数是以知识分子为主体，以有声望有社会地位的代表性人士为核心，以个人的声望和魅力去影响追随者，发展组织。他们的社会基础更多依赖于工商企业界和知识界，公之于众的诉求目标是：政治上实行多党的议会制、内阁制，经济上在确保私有制的基础上，建立"新式"、"改良"的资本主义，思想上应是自由主义，行动上应是和平改良，解决问题的方式是民主。

中间党派对战后国内外形势的看法脱离实际。理论上，他们以为西式民主加苏式计划经济，就可为政治民主和经济平等搭上过桥，这只能是空想；实践上，他们企图以调和国共而争取自身地位以至规划中国的发展道路，却淡忘了自己坚持的自由主义理念与国共武力相争现实之间的巨大反差。

中间党派之所以能在战后中国政坛上有一席之地并一度表现活跃，原因是国共在政治斗争中都需要支持者，因此成就了中间党派的活动空间，提高了中间党派的地位。国共双方虽都力争中间党派站在自己方面，但都不会使自己的政策受中间党派的左右。

中间党派由于自身利益不同，各党政治主张不同，存在政治分歧，尤以民盟为甚。民盟成立时是三党三派的集合体，即青年党、国社党（民社党）、中华民族解放行动委员会和救国会、职教派、乡建派，盟员与各党派成员可以兼跨。三党三派政治主张时常不一，其中青年党较为倾向于国民党，第三党、救国会较为倾向于中共，民社党、职教派、乡建派态度则较为中立。

周恩来曾指出："中国的民主运动，由于历史的发展，武装斗争成为主要形式。到了大革命后，就只有两个全国性大党，经过二十多年的斗争和战争，一天天证明中间道路即第三条道路已成为不可能。民盟由于抗战特别由于政协的机缘，客观上一时造成了他在全国的第三党地位，使他中间许多领导人物代表着中产阶级的想法，企图在国共对立的纲领之外，寻找出第三条道路。但一接触到实际斗争，尤其是内战重起，就使他只能在靠近共产党或靠近国民党中选择道路，而不能有其他道路。"

形势在发展，民盟成员在不断分化，政治态度与中共更为接近，为国民党所不满。在全面内战爆发前，蒋介石特别指示，"对民盟不必姑息"，尤其对罗隆基、沈钧儒、章伯钧"应施打击"。对于态度较为温和的黄炎培，蒋介石专门派陈立夫、陶希圣、杜月笙等予以拉拢，进而争取中间党派对国民党政策的谅解和支持，结果未成。

随着战后国内外形势的发展，中间党派一度引导中国走中间道路的乐观不复存在，在国共武力相争中进退失据，左右为难，终至在残酷的政治现实面前，作出政治抉择。青年党和民社党投向国民党，民盟及民建等不断靠近中共而远离国民党。共产党因此而获得了与国民党相争中的重要同盟军，形成广大的统一战线。

知名的自由主义知识分子储安平写道："假如不满政府就是'左'倾，那么老实说，在二十年来国民党这种统治作风下，假如还不'左'倾，那这个人即使不是奴才，也是个大大的糊涂虫。""是谁驱使大家不满国民党，反对国民党，痛恨国民党的？不是别人，就是国民党自己。""共产党的不肯放下枪杆，也未尝不能使人同情，因为在国民党这种政治作风下，没有枪，简直没有发言权，甚至没有生存的保障。""现在一般人都说民盟太左，成为了共产党的尾巴，关于这种批评，我认为无甚价值。凡是进步的政治集团，当然是比较左的，世界大势如此。"

著名史学家胡绳总结说："中国革命为什么能胜利？一个当然是靠武装斗争，再一个就是靠统一战线。大批中间的力量参加，政治力量的对比就变了，这就是人心向背起了决定作用。……国民党在1931年后也拼命拉拢一些中间派人士，但长期跟它跑的很少。"

资产阶级共和国方案在中国行不通，中间党派所有的自信犹如过眼烟云，他们非偏于国民党，便偏于共产党，中间道路无路可走。

见证共产党中流砥柱作用的是延安，民主党派正是从延安看到了中国的希望。

第四章 凝聚与收获

延安在中国历史上一直地处大陆帝国的心脏地带,南边西安是十朝古都,北边榆林是辽、西夏、金、元等各个少数民族与汉人进行政治交锋的边缘地带,明清两代陕北从薄弱的边疆变为稳固的内陆,从而奠定了大陆帝国的基石。

延安三山鼎立,分别是清凉山、凤凰山和嘉岭山,三山襟带延河及其支流南河穿城而过,如藏龙卧虎,气象万千。1935年延安迎来了经历千难万险、九死一生的中国工农红军,从此成为中国革命的圣地。

抗战期间,民主党派通过"延安"与"重庆"的对比,心中的认知发生了变化:共产党由秩序的反叛者向民族利益的维护者转变;国民党及其政权的合法性遭受空前严重的质疑。在民主党

延安

派眼里,延安的抗日声音最真诚、最高亢,也最能打动人心。否则地瘠民贫、缺衣少食的延安,不可能吸引全国各地大约 4 万优秀的青年知识分子。

到过延安的观察者,无论是梁漱溟这样的民主人士,还是陈嘉庚这样的海外侨界领袖,抑或是卫立煌这样的反共将军,乃至美国的记者、大兵,少至一周,多至旬月,便尽弃陈见,成为延安最热烈的赞美者与支持者。作家丁玲在《七月的延安》写道:"这是什么地方?这是乐园。"是什么吸引着他们、改变着他们?

1945 年 7 月,黄炎培、褚辅成、章伯钧、冷遹、傅斯年、左舜生六位参政员访问了延安。著名的"窑洞对",就是毛泽东在这个时候的表态。黄炎培问毛泽东:"怎么能摆脱中国王朝更迭的周期律?"毛泽东回答:"我们已经找到一条新路,这条新路就是民主。"

延安旧称肤施,"肤肉恩施",救众生苦。这个特殊的地域名称,能直观地反映出"为人民服务"的最重要内涵:舍身忘死,不畏强暴。中国共产党在这里集合中华民族和中国革命的智慧,结合马克思主义真理,创造了开天辟地的毛泽东思想,其重要核心就是为人民服务。毛泽东在这里说过:"人民是我们的活菩萨,共产党人应该像念佛一样时刻念着人民,把人民的疾苦捧在心上。"

在延安,毛泽东在与平民教育家晏阳初讨论"什么是政治"时说,政治的问题主要是对人民的态度;与胡耀邦讨论"什么是政治"时说,所谓政治,就是把我们的人搞得多多的,把敌人搞得少少的。

在延安,共产党在恶劣的生存环境下,通过民主选举、"三三制"、村民自治等形式,把人民群众紧紧地团结在自己的周围,其民主建设的成就令人肃然起敬:偏僻的乡村、大字不识的农民、中国最没有条件实行民主的地方,却结下了丰硕的民主之果。

在延安，建立了严格的预算监督体制和民主参与机制，边区政府没有敲诈、勒索，官员的廉洁奉公在远东仅见；凭借民主手段，边区政府在四面封锁、瘠地养兵的艰难环境下，成功地鼓励生产、征收粮税，平衡了财政预算。

在延安，边区创造了"十个没有"的奇迹：一没有贪官污吏；二没有土豪劣绅；三没有赌博；四没有娼妓；五没有小老婆；六没有叫花子；七没有结党营私之徒；八没有委靡不振之气；九没有吃摩擦饭；十没有发国难财。

在延安，毛泽东的伙食标准同普通工作人员一样：每天3钱盐、5钱油、吃小米。党的领袖海纳百川，随时欢迎各行各业、不同阶层的人前来谈心，反映问题，提出建议，贡献智慧。美国纽约《先锋论坛报》记者斯蒂尔在访问延安10天后感慨地说："我觉得在延安的访问中，真正体会到了共产党常常说的'为人民服务'，真的，要是我在延安住上11天，那我一定也会成为一个共产主义者。"

共产党深深扎根于人民群众之中，人民群众殷切期待着共产党的指引和领导。

延安，不是靠强大的武装，而是靠执著的理想；不是靠自己拥有的实力，而是靠自己树立的榜样，使共产党在抗战胜利后获得山呼海啸般的力量。

伟大的精神总是具有穿越时空的力量。

为正式成立联合政府，避免抗战八年之后全国重新陷入战争深渊，共产党和各民主党派付出了极大的努力。

1943年5月共产国际宣布解散后，蒋介石一度企图以军事手段解决中共问题，国共关系因而继皖南事变后再度紧张。

1944年年初，随着战局的变化，中断近一年的国共谈判再度启动。毛泽东逐渐将民主政治问题引入谈判，从而改变了国共谈判的性质与方向。

1944年8月17日，毛泽东在董必武请示周恩来的电报上批示："应与张（澜）、左（舜生）商各党派联合政府。"

林伯渠，共产党内最早主张与孙中山合作、第一次国共合作重要的组织者之一，曾任中共驻陕代表和国民参政会参政员。1944年9月15日，林伯渠作为中共中央代表，在重庆举行的三届三次国民参政会上提出废除国民党的一党专政、建立民主联合政府的主张。

联合政府是中共在经历了十余年的武装割据之后，第一次向国民党提出中央政府权力再分配的政治要求，把国共围绕国家政权的斗争，在形式上和实质上都推上了更高的阶段。这一主张一经提出，天下之耳目一新，人民广泛拥护。在民主运动激情澎湃之际，中国共产党被人民视为中国未来希望之所在也就成为历史的必然。

赫尔利，先是美国总统特使、后继任美国驻华大使，在华的主要使命是调处国共两党的关系，继续共产党与美国的对话，但他对中国的历史和现实隔膜疏远且一知半解。1945年2月13日，赫尔利陪同周恩来面见蒋介石。蒋介石拒不接受关于联合政府的意见，甚至说："组织联合政府是推翻政府，党派会议是分赃会议。"

1945年8月14日，中华民国外交部长宋子文与苏联外交部长莫洛托夫在莫斯科签署《中苏友好同盟条约》。两小时后，蒋介石致电毛泽东，请他"克日惠临陪都，共同商讨，事关国家大计"。这是蒋介石听了赫尔利的建议：鉴于斯大林揄蒋抑毛的公开态度，大可不必担心苏联的介入，可以放心大胆地邀请毛泽东来重庆谈判。无论是否接受,毛泽东都要陷入两难之中:如果拒绝,则表明毛无和谈的诚意;倘若真的来了,我们则以时间争取空间,利用谈判的机会,将国军运往华北、华中等地。赫尔利的建议恰中蒋介石的下怀,连发电报催促毛泽东早日成行。

时任美驻华大使的赫尔利与蒋介石等合影

就在前一天,毛泽东在延安干部会议上发表《抗日战争胜利后的时局和我们的方针》讲话,告诫说,"国民党怎么样?看它的过去,就可以知道它的现在;看它的过去和现在,就可以知道它的将来。……针锋相对,寸土必争。"中共中央通告党内,蒋介石"请毛往渝,完全是欺骗"。

8月20日,蒋介石再次公开电邀毛泽东,称:"抗战八年,全国同胞日在水深火热之中,一旦解放,必须有以安辑之而鼓舞之,未可蹉跎延误。大战方告终结,内争不容再有。深望足下体念国家之艰危,悯怀人民之疾苦,共同努力,从事建设。如何以建国之功收抗战之果,甚有赖于先生惠然一行,共定大计,则受益拜会,岂仅个人而已哉!特再驰电奉邀,务恳惠诺为感。"

同日,斯大林化名"菲利波夫"直接电告延安中共中央:"你党应维持国内和平,中国不能再打内战了,若再打内战,中华民族有毁灭的危险!"数小时后,斯大林径直致电毛泽东,称:"世界要和平,中国也要和平。蒋介石已再三邀请你去重庆协商国是,如果一味拒绝,国内、国际各方面就不能理解了。如果打起内战,战争的责任由谁承担?"斯大林最后要求毛泽东"立即到重庆同蒋会谈,你的安全由美、苏两家负责"。

毛泽东鉴于世界反法西斯大局已定,尤其英美苏订立同盟条约,"势必影响中国政治前途,国共两党势必要做长期合作打算",决定"乘此国际局势有利机会,我去见蒋,将国共根本关系加以改善,即是极大利益"。

8月24日,毛泽东复电蒋介石,表示与其会见"共商和平建国之大计"。

重庆云横雾纵,山重水复,蕴藏了难以言表的历史玄机,注定它要在一个民族危急存亡之秋去见证天下兴亡。

第四章 凝聚与收获

1945年8月28日,毛泽东、周恩来赴重庆前与赫尔利、国民党政府代表张治中合影。

1945年8月28日下午3时许,毛泽东在赫尔利和国民党政府代表张治中的陪伴下,同周恩来、王若飞一起乘"宋美龄"号专机抵达重庆,与国民党当局进行谈判。蒋介石对毛泽东的前来,是怀有"恩威并济、不战而屈中共"的妄想的。信奉基督教的他,在毛泽东抵渝后日记中写道:"毛泽东果应召来渝……实上帝所赐也。"

诗人柳亚子称颂毛泽东这一行动是"弥天大勇"。陈嘉庚此前很不放心,拍电报劝毛泽东不要前往,毛泽东到达重庆后,陈嘉庚给香港《华商报》题词:"还政于民,谋皮于虎;蜀道崎岖,忧心如捣。"

在重庆谈判的日子里,蒋介石先后7次亲自宴请毛泽东。

国共高层在酒宴中的频频碰杯,无法改变两党在谈判桌上的激烈斗争,争论的焦点是军队改编与承认解放区问题。

毛泽东真心求和平,先后与蒋介石对话11次,分别是就一般性问题交换意见、正式商谈紧要问题和达成和平建国的《双十协定》。

□ 万水朝东

重庆谈判期间，毛泽东、周恩来不仅在谈判桌上与国民党艰难地协商国家和民族的未来，还充分利用时间广泛接触各方面人士。

重庆特园位于嘉陵江边，是著名民主人士鲜英的公馆，也是民盟和民革前身的一部分——三民主义同志联合会的诞生地。鲜英不顾国民党当局威胁经常接纳中共代表和各界民主人士到公馆内活动，这里是民主运动大本营，中共南方局负责人董必武誉此为"民主之家"，郭沫若、冯玉祥分别为之题写过"民主之家"匾额。周恩来、董必武、王若飞等都是特园的常客，张澜、黄炎培等100余位社会知名人士在此论政议事、奔走国是。

国共两党谈判时，作为中共代表团的对外活动场所，毛泽东曾三次亲临特园会张澜。

8月30日下午3时，毛泽东为张澜详细解释了8月25日中共中央《对目前时局的宣言》中的六项紧急措施：承认解放区的民选政府和抗日军队，划定八路军、新四军、华南抗日纵队接受日

鲜英公馆。上为冯玉祥的题字。

军投降的地区,严惩汉奸、解散伪军,公平合理地整编军队,承认各党派的合法地位、保障人民的自由权利,立即召开各党派代表人物的会议。张澜连声称赞:"很公道,很公道!蒋介石要是良知未泯,就应当采纳施行。看起来,这场戏倒是有看头。"

9月2日中午,张澜以民盟的名义在特园欢宴毛泽东、周恩来、王若飞,沈钧儒、黄炎培、冷遹、鲜英、张申府、左舜生等做东招待。毛泽东一进特园,高兴地说:"这是'民主之家',我也回到家里了!"在大客厅,毛泽东勉励大家道:"今天,我们聚会在'民主之家';今后,我们共同努力,生活在'民主之国'。"宴毕,特园主人拿出纪念册,毛泽东留下了"光明在望"四个大字。

9月15日下午,毛泽东翩然来到特园,向张澜介绍了国共谈判的近况,关键是解放区的人民政权和人民军队问题。张澜推心置腹地对毛泽东说:"在'五四'以后,为了摆脱北洋军阀的统治,使人民能够过问政事,我曾经同吴玉老(即吴玉章)在川北推行过地方自治,深知政权、军权对于人民的重要性。国民党丧尽民心,全国人民把希愿寄托给你们。你们当坚持的,一定要坚持,好为中国保存一些干净土!"毛泽东连连点头。张澜又提醒毛泽东说:已经谈拢了的,就应当把它公开出来,免得蒋介石今后不认账;"你们如有不便,由我来给国共双方写一封公开信,把这些问题摊开在全国人民面前,好受到全国人民的监督和推动。"毛泽东赞誉张澜是"老成谋国"。

毛泽东在下榻处桂园广泛会见了大后方工商界、文化界、新闻界、妇女界等社会各方面人士,同许多国家驻重庆的使馆官员会晤,增强了有识之士对共产党领导的中国革命的理解、同情和支持,把共产党在国民党区域的统一战线工作推向了一个前所未有的广度和深度。

□ 万水朝东

重庆谈判结束后，毛泽东自重庆飞返延安前，与送行的张澜握手告别。

在与郭沫若座谈时，郭情不自禁地从自己手腕上摘下欧米茄表，双手送给毛泽东。大革命时，郭沫若任广州中山大学文学院院长、后出任国民革命军总政治部秘书长、总政治部副主任，毛泽东任国民党中央宣传部代理部长，两人开始交往，友情非同一般。在 8 月 28 日去机场欢迎毛泽东时，郭沫若敏锐地发现毛泽东手腕上没有戴表。郭沫若深感毛泽东的清贫、艰苦，也预感到他即将在重庆度过紧张而险恶的日日夜夜，分分秒秒都有安排，没有手表极为不便，遂于座谈中有此举动。从不轻易接受馈赠的毛泽东很高兴地接受了这价值不菲之礼物。毛泽东戴这块手表长达 31 年，直到 1976 年 9 月逝世。

毛泽东还会见了"中国民主革命同盟"（又称"小民革"）的领导人王昆仑、屈武、侯外庐、许宝驹、谭惕吾等人，长谈达10个小时；设宴招待了青年党在重庆的中央委员左舜生、何鲁之、常燕生等人；会见了青年党负责人曾琦，商谈民盟和青年党的问题。

在会见了梁希、潘菽等九三学社创始人时，潘菽问："为什么把已经解放的一些地方让给国民党？"毛泽东站起身，在椅子旁边向后一边退了两步一边说，"让一步是可以的，让两步也可以，"挥动巨掌做了个还击的手势接着说，"再让就不可以了！"大家都会意地笑了。

在会见民社党负责人蒋匀田时，毛泽东坦言：老实说，没有我们这几十万条破枪，我们固然不能生存，你们也无人理睬。形象地说明了赤手空拳的中间党派在国共武力相争现实中的尴尬处境。

毛泽东还利用宴请的时机与国民党上层人物包括国民党顽固派接触，专门会晤了于右任、戴季陶、白崇禧、何应钦、吴稚晖、孙科、陈立夫等人，敦促他们接受"和平建国"的主张。

在重庆期间，毛泽东多次会见中外记者。对《大公报》负责人王芸生提出的"共产党不要另起炉灶"的问题，毛泽东说："不是我们要另起炉灶，而是国民党的炉灶里不许我们造饭。"毛泽东还为《大公报》社职工题字："为人民服务。"

10月8日晚，张治中邀请毛泽东出席庆祝国共谈判成功之盛大酒宴。毛泽东在宴会上与宋庆龄、冯玉祥及众多的民主党派与无党派知名人士晤谈，向他们大力宣传中共的和平、民主、团结方针，并强调"和为贵"："我们这次的商谈，不是暂时的合作，而是长期的合作；不是一时的团结，而是永久的团结。""在和平、团结、民主、统一的大原则下……一定可以建设新中国。"他

毛泽东在重庆谈判期间会见美国第十四航空队三名士兵

的讲话赢得了阵阵热烈掌声。

会谈期间,蒋介石与毛泽东留下多帧难得的合影。当时在场摄影留住历史镜头的,有美国《生活》杂志记者,中国方面的是蒋介石御用摄影师胡崇贤。蒋介石在曾家岩官邸门前邀毛泽东合影,毛泽东主动站到了蒋介石的右侧。这时,深谙官场位置的胡崇贤立即将毛请到蒋的左侧,并迅速按下快门。事后,蒋介石肯定了胡崇贤的"机智"。其实,中国礼仪左为上,左为东道主,毛泽东

第四章　凝聚与收获

毛泽东与蒋介石难得一见的合照

是客，在当时当地主动站在右侧是合礼、得体；然而蒋却以西方礼仪为上，忘记了自己中国人的身份。

10月10日，国共双方在桂园签订《会谈纪要》（即《双十协定》），表面上达成圆满协议。

《双十协定》并没有解决多少实际问题，但有某些限制作用：第一，国民党再发动内战，就在全国和全世界面前输了理；第二，共产党的地位已为国内外人民所承认，这是历史上一个很重要的

119

问题;第三,由于共产党的努力,国民党承认了各党派的地位,使各党派一致感到"因为有共产党才能有他们的地位"。

重庆谈判 43 天,毛泽东感受到的是蒋介石浅淡的笑容里,深藏着决战前的不可告人的阴谋;蒋介石领悟到的是毛泽东爽朗的性格中,洋溢着一如既往的成熟老辣的胜算。

《双十协定》墨迹未干,国民党军队挑起了更大的武装冲突,悍然在两个月内,侵占 30 座解放区城市。人民渴望安定的愿望遭到挫伤,和平民主运动再度高涨。

在重重压力面前,蒋介石被迫同意按《双十协定》的协议召开政治协商会议。这是新民主主义革命时期由国民党主持召开,共产党和各中间党派及社会贤达共同参加,试图通过和平方式政治协商解决当时中国前途和命运问题的唯一一次会议。

政治协商会议自 1946 年 1 月 10 日开幕至 1 月 31 日闭幕,历时 22 天。出席会议的有国民党、共产党、民盟、青年党和无党派

1946 年 1 月 10 日,政治协商会议在重庆举行。

人士的代表共38人，中心议题是政治民主化和军队国家化问题。共产党和民盟等党派在会上凡遇重大问题，总是事先交换意见，以便互相配合，结果迫使国民党代表不得不接受共产党的某些主张。

政治协商会议达成的协议，再一次确认了避免内战、和平建国的方针以及政治民主化、军队国家化、党派平等合法的政策；确认了国民党政府必须改组为联合政府，虽然这种联合政府还不是新民主主义性质的，但对蒋介石独裁政权是一种否定，从中体现的党派平等协商精神在人民心目中留下了不可磨灭的印象。

政治协商会议创立了各党派共商国是的组织形式，开启了通过协商解决重大问题的民主形式，在中国的政治历史上是一个创举，"多党合作制"有了一个实践中的影子和纸面上的雏形。在这次会议中，共产党与民盟还留下了"主动让名额"和重大问题事先交换意见的"君子协定"两段佳话。

国民党政权一心追求的是一党专政，不仅反对人民民主，就连西方式的资产阶级民主，也不允许在它的强权之下实行。

果然，欢庆政协会议的胜利锣鼓还没有结束，得到美国政府数十亿美元战略物资援助的蒋介石便发动了全面内战。

实现民主统一和平建国的尝试成为泡影，共产党和民主党派积极争取的和平民主建国方案成为镜花水月。国民党错失了一次摆脱政治危机、实现政治进步的历史良机。

1946年5月，中共中央派周恩来到南京与国民党政府进行谈判，要求停止内战，主张和平、民主、统一、独立。

美国驻华大使司徒雷登作为国共双方邀请的代表从中斡旋。周恩来委托负责外事的王炳南将一只仿明代成化年间的五彩花瓶送给司徒雷登作纪念，这只五彩花瓶饰图为"八仙过海，各显神通"的传说。当时，国共两党胜负未定，就如同波涛中的八仙，在海上各显神通。

南京谈判斗争非常复杂。民主党派总体上与共产党团结一致，共同反对内战，但有一些民主党派人士追求和平心切，在谈判僵持、内战趋势日益扩大的情况下，提出了所谓"折衷方案"，在同盟者中有动摇的倾向。

时局严重，如何团结各民主党派，如何使民主党派同盟者坚持民主立场，如何争取动摇的民主人士有效配合人民解放战争，是共产党的重要任务。

南京谈判期间，共产党非常尊重民主党派的建议和主张。无论是和国民党政府谈判还是与美国代表团谈判，周恩来在谈判后都会向民主党派、民主人士介绍情况，同他们共同分析时局，交换意见；还通过书信的形式，要求民主党派继续为和平、民主而奋斗，坚决批评同盟者中的动摇倾向。

1946年6月23日，和平请愿团部分代表在上火车前合影：马叙伦（前排右一）、雷洁琼（前排右二）。

第四章 凝聚与收获

为救国民于水火，1946年6月23日，民盟、民进、民建等52个党派团体成立了"上海人民团体联合会"，一致决定推选马叙伦、雷洁琼、胡厥文等九人为代表赴南京和平请愿。

人们怎么也没想到，这些手无寸铁文质彬彬的请愿代表，刚到南京下关车站，就遭到大批国民党特务的围追殴打。

作为"下关惨案"的见证人，雷洁琼回忆当时的情景："我们刚下火车，在下关车站国民党特务就把我们打伤了。当时中共的毛泽东、朱德很快打来电报对我们表示慰问，我们真是特别感激。"雷洁琼还说："邓颖超大姐来医院探望，看到我还穿着血衣，就把自己的外套脱下了，给我换上。"

民主党派遭到的这些迫害，撕下了蒋介石和平谈判的伪装，进一步暴露了坚持内战、残暴镇压人民革命运动的反动面目，同时也给民主党派人士和爱好和平人士以极大的教育：向国民党反动派请求和平，是要强盗放下屠刀，无异于与虎谋皮，根本办不到；只有自己行动起来，投入到反对内战的人民运动中去，内战才有可能被制止。

躺在病床上的马叙伦，紧握着周恩来的手说："中国的希望只能寄托在你们身上，我过去总劝你们少要一些兵，少要一些枪支弹药，看来你们的战士不能少一个，枪不能少一支，子弹不能少一粒。"

这起惨案同时也给共产党敲响了警钟——必须重视对民主人士的保护，周恩来说："今后，对进步朋友的安全、健康，我们必须负责保护。""在救济方面多给以经济和物资的帮助，在政治方面亦须时时关照。"

"下关惨案"之后，国民党统治区内镇压民主力量的法西斯行径丝毫没有收敛，反而变本加厉。

1946年7月，国民党政府一手制造了更加耸人听闻的"李闻

"下关事件"激起全国人民极大义愤,抗议国民党暴行的活动在全国迅速展开。

惨案"。李公朴、闻一多均为民盟中央执行委员会委员、昆明民主运动的重要领导人。他们坚决反对国民党发动内战,赞成共产党提出的建立联合政府与和平民主建国的主张,多次呼吁结束国民党的一党专政,因此被国民党特务列入黑名单。7月11日晚,李公朴与夫人外出,10时许回家路经青云街学院坡,被国民党特务刺杀,身负重伤,于次日凌晨5时逝世,临终时大骂"无耻",高呼"我为民主而死!"闻一多遇刺,发生在李公朴遇刺后不到96小时——7月15日下午5时30分,在其长子闻立鹤陪同下,于回家路上行至昆明西仓坡距西南联大宿舍不远处时，被跟踪在后的凶手杀害，闻立鹤重伤。

"民不畏死，奈何以死惧之。"倒在血泊中的是共产党人和民主人士，唤醒的是千千万万革命民众。

"李闻惨案"激起了全国人民和世界爱好和平人士的义愤。延安、重庆、成都、上海等地均举行追悼大会，严厉谴责国民党的暴行。哈佛、哥伦比亚、纽约等大学的教授，美国、加拿大2000多名新教牧师等，都发出严重抗议。1947年5月以后，国统区的学潮以不可遏制之势席卷各大城市，以表达青年学生对政治腐朽和黑暗现实的不满。国民党政府采取逮捕、监禁、殴打、屠杀等暴力行为对付赤手空拳的学生，学生运动反而愈加扩大，一切社会同情都在学生方面，国民党政府陷入孤立。

按照政治协商会议协定，必须首先改组政府，废除国民党一党专政，然后由各党派的联合政府主持召开国民大会。但是，在政府未经改组、各党派的联合政府未能成立的情况下，国民党关闭了国共和谈的大门，不顾共产党和社会各界人士的强烈反对，一党包办，于1946年11月15日悍然召开国民大会，以改组政府、制定宪法为诱饵，企图拉拢民主党派，孤立共产党。

此时此刻，各党各派是否参加国民党召开的国民大会，成为各种政治力量在国共两党斗争中何去何从的分水岭。

会前，国民党要求除共产党外的第三方面人士提交出席"国大"人员名单。经民社党张君劢、青年党李璜活动后，第三方面人士部分民主人士给蒋介石写信，准备提交出席"国大"的名单。周恩来得知此消息后，与董必武、李维汉、邓颖超出席第三方面人士会议，动之以情，晓之以理，章伯钧、沈钧儒、张申府接受劝告，勾去签名。

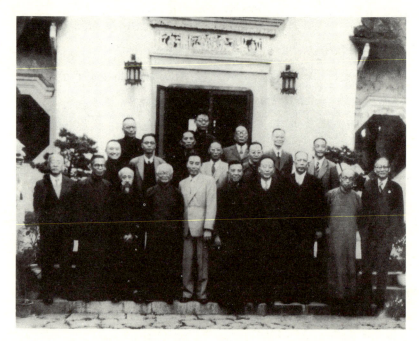

1946年10月17日，国共双方谈判代表和第三方人士在上海吴铁城公馆前合影。前排左起：张君劢、陈启天、沈钧儒、邵力子、周恩来、左舜生、郭沫若、李维汉、曾琦、吴铁城。

"国民大会"召开以后，周恩来代表中共严正声明：蒋记"国大"及其制定的蒋记宪法均属非法无效。民盟、民建、民进、九三学社及救国会、三民主义同志联合会等各民主党派纷纷表示，凡"国大"所做决定，一概不予以承认。

据曾任民盟中央副主席叶笃义回忆，周恩来当时对民盟的朋友说："我们共产党的代表早知道这是蒋介石的假和平。我们本来不愿意到南京来，不过我们怕朋友们受欺骗，并且怕朋友们失望，所以陪着来了。"

这是一场重大的政治考验，各民主党派及无党派民主人士从抗战胜利后坚持中间立场，到拒绝参加伪国大，拒绝投入国民党怀抱，从而与蒋介石国民党划清了界限。他们从同情、支持、靠

第四章 凝聚与收获

1946年11月16日,周恩来在南京召开中外记者招待会,痛斥国民党当局单方面召开"国民大会",关闭国共和谈大门。

拢共产党的过程中认识到,共产党是中国革命的领导者和最可依赖的朋友,民主党派和进步势力只有站在共产党和人民一边,争取新民主主义革命的胜利,才是历史的必由之路。

全面内战爆发之后的国民党政府腐败日甚一日,已完全丧失了抗战时期的那么一点奋斗精神。1967年,蒋介石在反思兵败大陆的教训时说,"当时党内一盘散沙,党员不能负起监督之责任,尤其是一些党的干部,不负实际责任,贪污腐化遍布党内,彼此之间,钩心斗角。"政治、经济的腐败已使人民对国民党政府渐渐失望,并埋下一颗失败的定时炸弹。

"反饥饿、反内战、反独裁、反迫害。"配合人民解放战争,国统区内的青年学生、工人群众和各民主党派开辟了反美、反蒋的"第二条战线"。

蒋介石要九三学社张西曼担任湖北省主席,张西曼不但以政见不协加以拒绝,还积极参加学生运动,多次发表公开演讲。为此,张西曼的家中受到特务搜查,张西曼被免去立法委员等职务,开除国民党党籍。田汉作、李济深书的《张西曼墓志铭》写道:"权位不动,威武不屈,反帝与反封建,四十年如一日;风雪万里,追自由之光芒,埋骨于此,山岳皆香。"

濒临覆灭的国民党政权更加倾心于法西斯手段。1947年5月,中央社公布伪造的《中共地下斗争路线纲领》,发表观察家谈话称:"民主同盟及其化身民主建国会、民主促进会、三民主义同志联合会等组织,已被中共所控制,其行动也完全遵照中共的意志,已成为中共暴乱的工具";6月,"最高法院"以"内乱犯"罪名通缉毛泽东;7月,共产党被正式宣判为非法的"逆党"。

1946年11月14日,周恩来与中国民主同盟负责人在梅园新村合影。左起:周恩来、邓颖超、罗隆基、李维汉、张申府、章伯钧、沈钧儒、董必武、黄炎培、张君劢、王炳南。

同时，国民党中央密令：对民主党派上层"暂时容忍敷衍"，对下层分子则"一律格杀勿论"。

司徒美堂和美洲各地洪门代表回上海参加"五洲洪门恳亲大会"，被国民党特务捣乱，强迫把致公党改为民治党，从此党内分裂。司徒美堂愤怒不已，登报赴港，发誓与蒋帮势不两立。这次回国，司徒美堂看到国民党大员"五子登科"（房子、票子、车子、金子、女子）的种种丑态，痛心疾首地对记者说："如不用民主力量予以制止，将使国家沦于万劫不复之地。"

1947年3月，蒋介石强迫中共在南京、上海、重庆等地担任谈判联络工作的代表和工作人员全部撤退。中共代表在撤退前，将南京、上海、重庆等地的房屋、财产全部交由民盟代管。民盟总部迁入南京梅园新村30号中共办事处，民盟部分领导人也进入上海马思南路中共办事处。

中共代表团从国统区撤退之后，民盟便成为国民党的主要压迫对象。10月，国民党派兵光天化日之下冲进民盟总部，宣布民盟为"非法"，盟员按照《后方共产党处理办法》处理。山雨欲来风满楼。在国民党政府的高压下，11月6日，民盟中央主席张澜被迫发表"中国民主同盟总部解散公告"，民建、农工党等被迫转入地下。

但形势的发展对国民党越来越不利。1948年《观察》第2卷第14期这样写道："不仅青年学生日趋极端，就是一般中年人，心情和思想也在发生变化：本来对于政府感觉失望的，慢慢儿的对政府感觉绝望了；本来对于政府感觉绝望的，终于对于政府'不望'了；本来无所谓的人，现在也一点儿'左'倾了；本来稍稍'左'倾的人，现在也一点儿一点儿'左'得厉害了；本来绝对仇视共产党的，现在努力了解共产党了；本来不大喜欢共产党的，现在渐渐对共产党表示同情了。"

□ 万水朝东

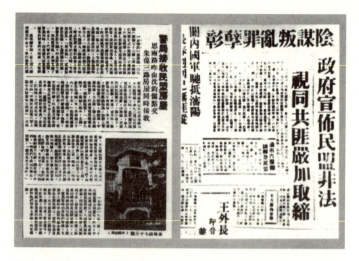

1947年10月27日,国民党政府悍然宣布民盟为"非法团体"强行解散。由民盟代管中国共产党的财产,不得不交出。沈钧儒不畏强暴、不避危险,亲自到了马思南路73号向国民党警察局接收人员点交。这是有关国民党宣布民盟为"非法团体"的报道和当时点交马思南路房产情况的报道。

1948年3月29日,为了揭露国民党伪国大的反动实质,北平各大学和天津、南开等五校进步师生,在北京大学民主广场举行"纪念黄花岗先烈大会"。当时铁甲车严阵以待,5000余军警特务虎视眈眈。九三学社的许德珩、袁翰青、樊弘三位教授,毅然抱着永诀家人、舍生取义的牺牲精神,应邀到会演讲,公开号召被压迫阶级联合起来,以和平的和革命的方式把政权夺回到人民手中。

许德珩是有名的"大炮",曾向孙中山大胆直言。1919年8月,许德珩与张国焘、刘清扬、康白情等全国学联的代表到孙中山上海寓所拜访,不想门卫说:"总统今天不会客。"许德珩说:"我们是来拜访革命的先行者,不是来求见总统的。"孙中山接见了他们,肯定了五四运动,表示愿意向学生们提供500支枪,把学生们武装起来。在会见中,许德珩"顶撞"孙中山说:"五四运动之所以成功，在于全国各界群众被学生发动起来了，而辛亥革命和护法运动的问题在于太倚重武装斗争，没有充分发动民众。"在抗日和解放战争中，许德珩揭露政府腐败，呼吁团结抗战，被称为"最能为人民讲话的参政员"，是蒋介石最感头痛的人之一。在纪念大会上，许德珩做了反对伪国大的演讲，受到广大师生的热烈欢呼响应，场中掌声如雷。

事实是严酷的。在蒋介石独裁统治下，进行任何和平运动、合法运动、改良运动，都已成为不切实际的幻想。

面对风起云涌的民主运动，新的民主党派组织纷纷成立，一些中间党派改弦更张。

1943 年，为了扩大抗日民族统一战线，周恩来、潘梓年授意"自然科学座谈会"的同志，积极团结更多的科学技术工作者和文教工作者，成立"中国科学工作者协会"，参加协会的有竺可桢、李四光、任鸿隽、丁燮年、严济慈等一百多位著名的科学家。

同年，由许德珩、税西恒、潘菽、黄国璋、黎锦熙等人发起了"民主科学座谈会"，主张发扬"五四"反帝反封建，民主、科学的精神，团结、民主、抗战到底。1945 年 9 月 3 日是日本签字投降正式生效的日子，"民主科学座谈会"召开了扩大座谈会，决定建立永久性的组织以加强联系，团结奋斗，以"九三"这个日子给组织命名，称"九三座谈会"，这就是"九三学社"的前身。1946 年 5 月，许德珩、褚辅成等在重庆发起成立九三学社，提出反对独裁、争取民主，反对内战、争取和平等政治主张。

1945 年 10 月，受周恩来、董必武等启发和鼓励，由谭平山、王昆仑、朱蕴山等国民党民主派发起在重庆成立了三民主义同志联合会，要求结束一党专政，建立民主联合政府。成员都是有长期斗争历史的老国民党员，党龄长、资历深、地位高、影响大。孙科、冯玉祥、李济深热烈支持，龙云、刘文辉表示赞助。

1945年12月，以黄炎培、胡厥文、章乃器、李烛尘、施复亮、孙起孟为常务理事的民主建国会在重庆成立，提出了对政治、经济、社会发展的主张，要求民主，要求建设。民建在抗战后期开始酝酿，抗战胜利后具体筹备建立。主要由两部分人酝酿发起，一部分是以黄炎培为代表、以中华职教社为骨干、与工商界有密切联系的文化教育界的中上层知识分子；另一部分是以胡厥文为代表的迁川工厂联合会的成员及与他们有联系的民族工商业者。参与创办民建的孙起孟曾有一段回忆："胡厥文几次对我讲起，抗战时期，民族工业家为支援抗战付出巨大牺牲，而民族工商业不但得不到支持，反而受当局的种种限制。没有民主开明的政治，就无法实现实业救国的理想。原以为共产党同民族资产阶级总是势不两立的，但后来了解到共产党不但不怕资本主义，反而在中国的具体条件下提倡它的发展，理由也说得坦诚而简单，使我这个本来对政治没有多大兴趣的人进入政治舞台，参与发起民主建国会，并且积极参加新民主主义革命。"

1945年12月，以马叙伦、陈巳生、王绍鏊为常务理事的中国民主促进会在上海成立，主张"实现民主"、"还政于民"等八大纲领。抗战胜利后，马叙伦、王绍鏊、周建人、许广平、雷洁琼、傅雷等常常聚在一起，议论当前的政治形势，试图寻找一条国家、民族的出路。当时住在王绍鏊家里的中共地下上海局书记刘晓了解情况后，就指示公开身份是东方联合营业公司经理的地下党员梅达君、赵朴初，联络马叙伦为首的文化、教育、出版界民主人士与王绍鏊为首的工商界爱国人士，创建了中国民主促进会。

1946年3、4月间，李济深、何香凝、蔡廷锴、李章达等人发起在香港成立中国国民党民主促进会，声明以实现革命的三民主义，建立独立、自由、民主、幸福的新中国为其行动的最高准则。

1947年4月29日至5月1日，经过长时间的筹备，中国致公

第四章 凝聚与收获

李济深

党三大在香港召开。会议决定加入共产党领导的人民民主统一战线,陈其尤当选为副主席,实际负责致公党的领导工作。以此为标志,中国致公党从一个旧式政党走上了新民主主义道路。

陈其尤,1911年加入中国同盟会,1925年10月加入致公党。1933年9月陈炯明去世后,陈其尤实际负责致公党的工作。1935年,蒋介石以"粤军老友"名义,邀请陈其尤到庐山会面,并委任陈为其驻香港私人代表。1937年,全面抗战爆发后,陈其尤被任命为国民党政府驻香港特派员。

1938年正值中国抗战最紧张的时期,美国总统罗斯福的财政顾问A.沙文和美国财团准备借巨款给中国,但以不经孔宋家族、免受克扣为先决条件。陈其尤知情后遂决定向蒋介石电告此事,并揭发孔宋两家在港密情。孔祥熙得知后,以辞职胁迫蒋介石惩办陈其尤。陈其尤从蒋介石的座上客变为阶下囚,思想发生了很大变化。获释后，陈其尤移居重庆，遇到了昔日的同乡好友、时任《新华日报》医药卫生顾问的共产党人黄鼎臣；在黄鼎臣的影响之下，陈其尤开始对中国共产党领导的新民主主义革命有了更深的认识，思想上产生了新的飞跃。1946年初由重庆回到香港后，陈其尤决定重整旗鼓，对致公党彻底改造，表明"今后只有中共路线才能救国，本党亦只有走中共路线，才有前途"。

1946年4月底，黄鼎臣应陈其尤邀请到香港出席致公党中央干事会会议。陈其尤对黄鼎臣说："国民党正在拉拢致公党，致公党是坚决反对国民党的。"黄鼎臣建议致公党参加共产党领导的新民主主义革命，指出："在中国历史的转折关头，中国致公党面临着向何处去的问题，在革命与反革命的生死搏斗中，中间党派没有中立的余地。"推动致公党召开三大。陈其尤对此深表赞同，并亲自介绍黄鼎臣加入致公党，参加致公党的改组工作。

1947年11月12日，台湾民主自治同盟筹备会第一次会员代表会召开。这一天是孙中山的诞辰（1866年11月12日）纪念日，台盟创盟初期的盟员相当默契地将是日确定为台盟的创盟纪念日，以此保留一份永恒的革命的光荣，一个对于革命家的永远的纪念。创盟初期采取秘密的地下斗争的方式，实际的创盟地是香港。其时在台湾岛内活动的台盟重要成员如蔡乾、林正亨、傅世明处于台湾当局残酷迫害的威胁之下，主要成员如谢雪红、杨克煌、苏新等是台湾"二二八"起义的参加者，受到台湾当局的通缉而会聚香港。

1947年11月18日，根据香港《华商报》"台北通讯"报道，台湾民主自治同盟筹备会，于国父诞辰日在本省北部某地，召开该筹备会第一次会员代表会，议决该同盟之纲领、规程草案，并发表时局口号、文告等。据悉，该同盟团结本省全体人民，为争取台湾省自治及响应全中国人民之建立民主联合政府之斗争为宗旨，该同盟盟员表示坚决愿为台湾民主自治而奋斗，为人民服务而努力。闻该同盟将在省内外各地展开广泛的活动，并促进其及早正式成立。

1947年11月，三民主义同志联合会、中国国民党民主促进会和其他国民党民主人士，在香港召开了中国国民党民主派第一次联合代表大会。缘起这年春末，李济深托词送儿子去美国留学，突然出现在香港并发表谈话，提出自己对时局的意见，其中第七条是主张恢复孙中山先生的革命精神，改造中国国民党，各党派合作建国。这是国民党内一部分民主派公开与蒋介石南京政府决裂的先声。

在抗战后期，国民党民主派相继建立了三民主义同志联合会（民联）和中国国民党民主促进会（民促）。与此同时，根据形势的需要，提出和开始酝酿国民党民主派的组织联合。究竟这个组织叫什么党？要保持孙中山的传统，不能改名为人民党或别的什么党；学"联共（布）"的办法，用"国民党（民主党）"这个名字也觉得别扭；最后决定用"中国国民党革命委员会"这个名称，朱蕴山拿着孙中山的手迹"革命委员会当要马上成立，以对付种种非常之事"说明了这一命名由来。1948年1月，民革推举宋庆龄为名誉主席，李济深为主席，宣告完全赞成新民主主义革命纲领的基本原则。

1948年1月，民盟一届三中全会在香港召开，决定恢复民盟领导机构，沈钧儒、章伯钧当选代主席。民盟新总部号召：民盟绝不能解散，也不能在是非曲直之间有中立态度，今后要与共产党竭诚合作；必须以革命手段，为彻底推翻整个国民党反动集团的统治而斗争。以一届三中全会为标志，民盟逐渐在政治上、实践上走上了接受中国共产党领导的道路。

1948年1月，民革部分人士在香港合影。前排左起：朱蕴山、柳亚子、蔡廷锴、李济深、张文、何香凝、彭泽民、王葆真。

民主党派成员不乏有广泛社会及政治影响力的代表性人士，他们中不少是从国民党营垒中分化出来的。

民主党派从开始就以温和的改良派政党出现。由于历史机遇和阶级局限，他们缺乏操纵国家机器的原动力，缺乏革命主张与魄力，缺乏高效的组织，缺乏自身建设能力，在共产党和国民党之外难以崛起。

民主党派怀揣理想抱负和道德良知，为实现自身目标，在有限的政治空间里，必然去追随一个彼此认同、有能力和魄力，能够支持、团结、带领自己的政党，一同进步，一同前进。

谁是赤子谁是逆子，谁代表光明谁代表黑暗，不是简单的是非判断。

各民主党派成员在不到10年的时间内，在一个个真相面前，从同情、支持、靠拢共产党，到逐渐形成政治共识、共同情感取向，并达至共同价值追求，自觉接受共产党的领导、实行多党合作,这是百多年历史发展的必然趋势。他们中许多人在经历了痛苦的自我斗争后,心甘情愿地历经风雨洗礼,付出血的代价。在反帝爱国和争取民主、反对国民党独裁的斗争中,民主党派与国民党政府展开了不屈不挠的艰苦斗争。

十年内战,"围剿"与"反围剿",共产党终于在遵义会议后走向了成熟。至此,不再有大革命失败的心痛,根据地丢失殆尽的悲哀,红色武装由强变弱的担忧。有的是长征的意志、瓦窑堡的智慧、西安事变的策略和国共合作抗日、拯救民族危亡的壮歌。有的是三大战役的奇迹和埋葬蒋家王朝的气势。

沧海桑田,人间正道。随着人民解放军进入战略进攻阶段,解放区的建设开始大步前进,共产党和人民对历史主动权的把握和驾驭空前牢固和自如,以更加昂扬的斗志改变着中国的面貌。

1947年10月10日,由毛泽东亲自起草的《中国人民解放军宣言》,首次提出了"联合工农兵学商各被压迫阶级、各人民团体、各民主党派、各少数民族、各地华侨和其他爱国分子,组成民族统一战线,打倒蒋介石独裁政府,成立民主联合政府"。两个月后,毛泽东强调这就是中国共产党最基本的政治纲领。

1947年10月10日,为了满足农民长久以来的土地要求,共产党公开颁布了《中国土地法大纲》,对于新老解放区的土地改革运动起到了巨大的推动作用,在国民党统治区产生了广泛的政治影响。

在中国革命行将取得胜利的前夜,美蒋方面极力把水搅混,暗中培植政坛黑马,企图与中共一搏。而此时,民盟被蒋介石宣布为"非法团体",不久被迫发表解散公告,共产党领导人有所担心和忧虑,认为"中间党派没有了"。

随着1948年年初民革的成立、民盟的恢复,中共中央根据最新的形势变化,放弃了关于"中间党派没有了"的判断,认为民主党派是中共要争取的革命同盟军。3月15日,毛泽东在给斯大林的信中,提出了成立中国中央政府和吸收自由资产阶级的代表参加政府的想法。共产党对民主党派有了准确的政治定位。

人类历史的发展,在很多情况下是一种必然与偶然交会的结果。

西柏坡,这个太行山麓的小山村,作为中共中央进入北平、解放全中国的最后一个农村指挥所,万众瞩目。

1948年的"五一"国际劳动节快到了。每年的这个时候,中共中央都会通过新华社发表宣言、口号。时任新华社社长的廖承志,正率队驻扎在位于太行山深处涉县的东西戌村。他给中央发来一个简短的电报,说:"五一将至,中央有什么屁放?"4月30日,中共中央毛泽东、刘少奇、朱德、周恩来、任弼时五大书记

中共中央在河北平山县西柏坡村的所在地

挤在低矮的民房里讨论有关部门起草的"五一口号"，廖承志的电报引起他们哄堂大笑。国民党反动统治即将崩溃，该是对外公布共产党人的政治主张、提出新中国政权蓝图的时候了。

"五一口号"初稿共24条，送到了毛泽东的案头。毛泽东拿起笔，将第5条"工人阶级是中国人民革命的领导者，解放区的工人阶级是新中国的主人翁，更加积极地行动起来，更早地实现中国革命的最后胜利"修改为："各民主党派、各人民团体及社会贤达，迅速召开政治协商会议，讨论并实现召集人民代表大会、成立民主联合政府。"划掉第23条"中国人民的领袖毛主席万岁"，将第24条"中国劳动人民和被压迫人民的组织者，中国人民解放战争的领导者——中国共产党万岁"改为"中华民族解放万岁"。修改后的"五一口号"一共23条，当日通过陕北的新华社正式对外发布。5月1日，《晋察冀日报》头版头条刊发了"五一口号"。

极具讽刺意味的是，正是在"五一口号"发布的这一天，国民党在南京召开了行宪国大，蒋介石、李宗仁分别就任国民党政府总统和副总统。制宪国大与行宪国大清楚表明，国民党从"训政"到"宪政"，表面上是要"还政于民"，实质是继续顽固坚持一党专政。连蒋介石自己都承认，这场选举"浪费金钱，政治风气与革命道德，一落千丈，不可救药"，只能让国民党威信扫地，丧尽民意！

一个政党围剿共产党、取缔民盟，迫使各民主党派领袖纷纷远避香港；一个政党在即将胜利的时刻，登高一呼，主动邀集革命阶级、各民主党派和无党派人士一起，组建民主联合政府，共同建设独立、民主、和平、统一的新中国！两相对照，谁独裁？谁民主？不言自明！

5月1日这天，毛泽东致函民革中央主席李济深和民盟中央常委沈钧儒,以协商的口气具体提出了召开政治协商会议的时间、地点、参会党派和原则、实施步骤等,对中共中央"五一口号"第5条作了进一步的补充,并提议由中国国民党革命委员会、中国民主同盟中央执行委员会、中国共产党中央委员会于本月内发表三党联合声明,以为号召。

"五一口号"立即得到各民主党派人民团体和无党派民主人士的热烈响应。

1948年5月1日,台湾民主自治同盟在香港出版的《新台湾丛刊》第6辑,开卷首篇为标明"新华社陕北三十日电"的新华社电讯稿"中国共产党中央委员会发布纪念五一劳动节口号",第二篇题为《一个响亮的号召》。这是最早发表"五一口号"并予以热烈响应的报刊;

1948年5月4日,陈嘉庚代表新加坡华侨致电毛泽东主席,

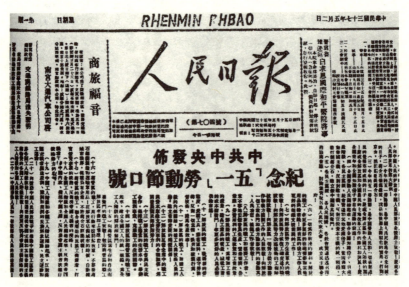

1948年5月2日,《人民日报》头版全文刊发的"五一口号"。

响应中共中央"纪念'五一'劳动节口号",希望早日召开新政协,成立联合政府;

  1948年5月5日,中国国民党革命委员会李济深、何香凝,中国民主同盟沈钧儒、章伯钧,中国民主促进会马叙伦、王绍鏊,中国致公党陈其尤,中国农工民主党彭泽民,中国人民救国会李章达,中国国民党促进会蔡廷锴,三民主义同志联合会谭平山,无党派人士郭沫若在香港联合致电毛泽东,完全赞成"纪念'五

1948年5月5日,各民主党派与民主人士致电毛泽东响应"五一口号"。

一'劳动节口号",称:"适合人民时势之要求,尤符同人之本旨,何胜钦企。"他们还联合通电国内外各报馆、各团体和全国同胞,公开响应中共中央"纪念'五一'劳动节口号";

1948年5月8日,在香港的各民主党派和无党派民主人士以"目前新形势与新政协"为题,连续召开座谈会。郭沫若、邓初民、翦伯赞、马叙伦、章乃器、冯裕芳、方与严、李伯球、沈钧儒、章伯钧、谭平山、黄药眠等先后发表演说,他们一致认为中共"五一"号召对于团结各党派,动员广大人民民主力量,促进革命胜利,具有重大的历史意义;

1948年5月23日,民主建国会在上海秘密召开了中央常务、理监事会议,一致通过决议,响应中共"五一"号召;并推章乃器、孙起孟为驻港代表,通过了"同中共驻港负责人及其他民主党派驻港负责人保持联系"的决议;

1948年5月24日,香港《华商报》发表《响应中共五一号召 不仅坐谈更应行动——中国民主促进会发表宣言》;

1948年6月,留港妇女界何香凝等232人联合发表响应"五一口号"的声明;6月4日,在港的各界人士冯裕芳、柳亚子、茅盾、章乃器、朱蕴山、胡愈之、邓初民、侯外庐等125人联合发表声明,赞同中共"五一口号";

1948年6月9日和6月10日,香港《华商报》连载《致公党宣言响应五一口号——号召海内外同志加紧努力,拥护中共领导新民主革命》;

1948年6月16日,香港《华商报》发表《民主同盟发表声明,速展开新政协运动,四点基本认识争取民主独立,七项具体主张加强反蒋反美》;

1948年6月17日,香港《华商报》发表《农工民主党发表宣言——团结群众进行斗争,努力争取召开新政协》;

1948年6月25日，香港《华商报》发表《推动新政协运动——国民党革委会号召同志接受中山遗教继续奋斗》；

1949年1月26日，九三学社在国统区北平的《新民报》发表《拥护中共"五一"号召暨毛泽东八项主张的宣言》。

各民主党派和无党派人士积极响应中共"五一口号"，最终选择了接受中国共产党的领导，这在民主党派历史上是一个重要的里程碑。

从政党产生到新中国成立前夕，民主党派顺利地走出了他们的困惑期，最终完全确定了他们的立场，这是中国的民主党派一次脱胎换骨的飞跃。

在中共中央发布"五一口号"之时，大多数民主人士还在南方。

上海，远东最繁华的都市，居住着宋庆龄、张澜等著名民主人士；香港，美丽的维多利亚港湾，成为民主人士的政治避难所。

"五一口号"随着新华社的电波传向世界，也传到了香港。香港是个自由港，也是个政治舞台。辛亥革命时期，孙中山在这里成立兴中会总部，策划袭取广州；国内革命战争期间，共产党把香港作为秘密通道，领导广西左右江起义的邓小平五次经由香港；抗日战争期间，白求恩等外国志愿者经香港进内地支援抗战，宋庆龄等海内外著名人士的"保卫中国同盟"也设立在香港。1946年中国内战爆发，内地商贾纷纷逃往香港，许多民主人士也避难至此。自抗战以来，香港就成了国共两党争取海外华人和国际援助、宣传抗战和建国理念的基地。1938年中共中央在香港设立了八路军办事处，受中共南方局直接领导。1947年，新华社香港分社成立，作为中国共产党在香港的正式办事机构开展统战

□ 万水朝东

工作。

筹备新政协的首要问题是如何将在解放区以外、尤其是在香港的各民主党派领导人及无党派民主人士代表安全、及时地护送到解放区。1948年秋，上自中央，下至地方，南起香港岛，北达哈尔滨，由中央直接部署，中共华南局和香港工委具体负责，开始了这项堪称伟大的"系统工程"。在周恩来的总指挥下，缜密策划，精心安排，忙而不乱，全无错失。

1948年8月2日，周恩来致电在大连的钱之光，要他以解放区救济总署特派员名义前往香港，会同香港分局负责人方方、章汉夫、潘汉年、连贯、夏衍等，负责护送在港民主人士进入解放区。

抗战时期，"保卫中国同盟"中央委员会主席宋庆龄（右四）与八路军驻香港办事处主任廖承志（右一）等在香港合影。

144

第四章 凝聚与收获

1948年10月，首批抵达东北解放区的民主人士。前排左二为谭平山、左三为沈钧儒、左五为蔡廷锴，后排左三为章伯钧。

从香港到东北或华北解放区，中间隔着大片国统区，这里被国民党反动派严密封锁，陆上交通极不安全；走海路又要冒着港英政府阻挠、破坏和台湾美蒋海空军干扰、拦截的风险。中共香港分局按照周恩来的周密部署，决定租用外国轮船，设法穿过敌人的海上封锁线，分期分批护送民主人士。

从1948年9月起，7批民主党派和文化艺术界代表性人士乘船北上。

第一批北上的主要有：沈钧儒、谭平山、章伯钧、蔡廷锴和他的秘书林一元等。

第二批北上的主要有：马叙伦、郭沫若、丘哲、许广平母子、陈其尤、翦伯赞、冯裕芳、曹孟君、韩练成等。

第三批北上的主要有：李济深、朱蕴山、梅龚彬、李民欣、吴茂荪、彭泽民、茅盾、章乃器、洪深、施复亮、孙起孟、邓初民、王一如、魏震东、徐明等20多人。护送工作也更加谨慎，特别是要筹划李济深安全离港的工作，困难重重，大费周章。

第四批北上的是：柳亚子、陈叔通、马寅初、包达三、叶圣陶、郑振铎、宋云彬、曹禺、王芸生、刘尊祺、徐铸成、赵超构、张伯、张志让、邓裕志、沈体兰、傅炳然以及柳、叶、曹的夫人，包启亚小姐、邓小箴小姐等27人。

第五批北上的人数最多，共有250多人，其中有：李达、周鲸文、刘王立明、李伯球、周新民、黄鼎臣、杨子恒、谭惕吾、阳翰笙、史东山、曾昭抡、费振东、汪金丁、罗文玉、严济慈、沈其震、狄超白、胡耐秋、黎澍、徐伯昕、薛迪畅、臧克家、丁聪、特伟、于伶、李凌、张瑞芳、黎国荃等。

第六批北上的主要有黄炎培和夫人姚维钧、俞澄寰、盛丕华和他的儿子盛康年等。

第七批北上的大多数是应邀到北平出席文代会的代表。

除了上述7批民主人士和文化精英外，经中共香港工委个别接送、坐客货轮头等舱抵达北平的尚有：何香凝和廖梦醒母女、胡愈之、沈兹九、蒋光鼐、龙云、黄绍竑、王绍鏊、方与严、力扬、李章达、陈邵先、陈此生、陈其瑗、夏康达、林植夫、卢于道、黄琪翔、钱昌照、许宝驹、千家驹、马思聪、吴耀宗、谢雪红、李纯青、吴羹梅、杨美真、郭大力、萨空了、金仲华、欧阳予倩、刘思慕、庄明理、王雨亭等。

据中共广东省委党史研究室查核档案统计：从1948年9月至1949年9月，接送民主人士和文化精英北上的工作大大小小进行了20多次，共接送1000多人，其中民主人士350多人。

1949年5月初，在上海的张澜、罗隆基突然被国民党特务拘禁起来，直到5月底上海解放，张、罗才经中共地下工作人员营救幸免于难，并于6月24日和史良、郭春涛、王葆真等一起由上海抵达北平。

第四章 凝聚与收获

中共中央、毛泽东特别盛邀宋庆龄北上参加新政协会议。1949年8月28日，宋庆龄由邓颖超、廖梦醒陪同，乘专列安抵北平，毛泽东、周恩来、林伯渠、董必武及李济深、何香凝等亲自到车站迎接。

1949年8月28日，毛泽东、周恩来、张治中等在北平火车站迎候由上海北上的宋庆龄。

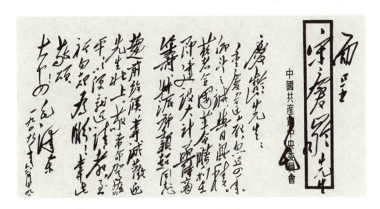

毛泽东致宋庆龄亲笔信

毛泽东还十分重视团结海外华侨的力量。1949年1月20日，毛泽东分别致电南洋华侨领袖陈嘉庚和大洋彼岸的致公党元老、美洲华侨领袖司徒美堂，盼早日回国参加会议。陈嘉庚、司徒美堂这两位在海外享有声望的华侨领袖，接电后都铭感毛泽东的盛意，毅然归国赴会。

到1948年秋，各党派主要领导人、爱国工商界领袖、著名无党派民主人士和爱国华侨代表，从全国各地及海外陆续到达解放区，与中共领导人共商国是。

这数百位民主人士大多是旗帜性人物，对他们所联系的社会各界别人士具有不可替代的巨大影响。把全国各方面的民主力量都融会在一起，就使新政治协商会议具有代表全中国人民的性质，它以雄辩的事实昭告天下：新政治协商会议从本质上区别于1946年国民党召集的旧政协，由此产生的民主联合政府，毋庸置疑将获得全中国最大多数人民的支持和拥护。

民主党派和无党派民主人士中的许多人，特别是民革、民盟、农工党的许多领导人和成员，由于过去的社会关系和历史渊源，同国民党军队中的许多将领有着各种联系。为了瓦解国民党军队，他们在中共的领导或配合下，发挥了重要作用。李济深曾派人积极开展军事策反活动，并给国民党实力派人物傅作义、阎锡山、程潜等写亲笔信件，派人设法转交，希望他们相机举行起义，或暂时保存实力，不再为蒋介石卖命；派人在四川、西康、云南、贵州、广东、广西、福建、浙江等地国民党统治区组织反蒋武装，利用山区和沿海地形，积极开展游击战争，动摇国民党后方的反动统治，以配合人民解放战争。

各民主党派还利用他们在国民党政府中的公开职务和社会关系收集重要军事情报，通过中共地下组织，提供给人民解放军，对人民解放战争的胜利发展起到了很大的推进作用。

在民主建国的进程中,有很多民主人士为了新中国的诞生献出了自己宝贵的生命,倒在了新中国成立的前夜,他们将永远被人民、被历史所铭记。

1946年9月,民革的主要领导人之一冯玉祥因反对国民党反动派的内战独裁政策,被迫以考察水利为名远走美国。"五一口号"发布后,冯玉祥于1948年7月31日携全家登上苏联"胜利号"邮轮,准备经苏联转道回国。船行一月,在黑海航行途中,因轮船突然失火,抢救不及,于1948年9月1日不幸遇难,终年66岁。这位为新中国早日诞生而奋斗终生的老将军,牺牲在了新中国成立的前夕。毛泽东、朱德专电冯玉祥将军的家属表示痛悼,称誉冯将军"置身民主,功在国家"。

1948年8月27日,新疆伊犁、塔城、阿勒泰地区革命领导人阿合买提江、伊斯哈克拜克、阿巴索夫、达列里汗和中苏文化协会干事罗志(汉族)5人,在转道苏联阿拉木图赴北平参加新政协会议的途中因飞机失事牺牲。为此,毛泽东发表唁电,深表哀悼。

1949年5月18日,民建上海"临工委"常务干事、民盟成员黄竞武因秘密发动中央银行员工阻止国民党偷运黄金白银到台湾而被杀害。

1949年9月19日,民革中央执委、民联中常委、民革和民联西南地区负责人杨杰由昆明到香港,准备赴北平出席新政协会议之际,被国民党特务杀害于香港寓所。杨杰遇害后的第三天,中国人民政治协商会议第一届全体会议在北平正式召开。在庄严而隆重的会议上,中国共产党代表团提出了一个临时动议,由主席团以大会名义向中国国民党革命委员会和杨杰家属致唁,并特许杨杰为列名缺席代表。

除了上述人物外,为参加新政协、创立新中国而牺牲的民主党

□ 万水朝东

杨杰

派人士还有很多。据1949年10月的不完全统计,在历时3年的解放战争中,民革的周均时、王伯与、李宗煌、孟士衡、曹立中等数十人,民盟的杨伯恺、于邦齐、王伯高、何雪松、张国雄等一百多人,农工党的曾伟、虞健、刘启纶、黎又霖等一百余名党员,因从事地下工作或军事活动而献出了宝贵生命,与共产党人的血流在了一起,这种用鲜血凝成的战斗友谊,大大加深了民主党派与中国共产党的亲密合作。他们都是中华民族的英雄,他们用生命和鲜血捍卫了民主建国的信念。

民主党派为解放战争和新中国的诞生做出了重要贡献,是民主党派历史上光辉的一页。

大浪淘沙,多少风流人物,多少社团党派,在历史长河中,有的顶风破浪,直挂云帆济沧海;有的折戟沉沙,终成过眼烟云。

中国青年党和中国民主社会党曾是民主革命时期活跃在中国政治舞台上的两大党派,然而,由于它们不能顺历史大潮而动,最终落得偏居一隅、苟安台湾的结局。

青山遮不住,毕竟东流去。历史是无情的,同时也是最公正的。

一个独立、统一、民主、自由的新中国,已喷薄而出!

蒋介石为什么败了?国民党为什么败了?

只有深切了解了国民党是什么党、国民政府是什么政府,才可能深切了解与其逐鹿天下的共产党是什么党。

陈嘉庚,不仅是一位成绩卓著的华侨实业家,更是一位坚定的爱国者。1938年10月,陈嘉庚从新加坡致电重庆国民参政会秘书处,提出了一份怒斥汪精卫对日求和的电报提案:"日寇未退出我国土之前,凡公务员对任何人谈和平条件,概以汉奸国贼论",被邹韬奋称为"古今中外最伟大的一个提案"。1940年为了慰劳祖国抗战军民,陈嘉庚亲自组织并率领南洋各属华侨筹赈会回国

爱国华侨陈嘉庚(前排左一)抗战时期率南洋华侨归国慰问团抵达重庆

慰劳团，对重庆和延安等地进行慰劳考察。陈嘉庚回国前曾是坚决的"拥蒋派"，甚至宣称"蒋委员长乃是中国国内外四万万七千万共同拥戴之唯一领袖"。然而通过对重庆和延安近距离观察后他感慨极大，说："那些国民党中央委员，都是身居要职，但都假公行私，贪污舞弊，生活奢华。那些人都是四五十岁，既不能做好事，又不能早死，他们至少还要尸位二三十年，中国的救星不知在哪里？""过去对国事忧虑悲观，无时或已。民国廿九年到延安后，所见所闻，不论政治与军事，大出我之意外。余观感之下衷心无限兴奋，喜慰无言可喻，认为别有天地，如拨云雾而见青天。前此忧虑建国未有其人，兹始觉悟其人乃素蒙恶名之共产党人物，由是断定国民党政府必败，延安共产党必胜。"陈嘉庚坚定地认为：中国的"救星"是毛泽东。

抗战时期，史迪威代表美国总统罗斯福向蒋介石授勋。

第四章 凝聚与收获

史迪威，美国派往中国战区的参谋长，蒋介石身边最为倚重的美方军事顾问。史迪威经常在日记中把蒋介石叫做"花生米"，他在1943年1月19日的日记中这样写道："金钱、影响和职位是领导人唯一考虑的事情。阴谋诡计，欺骗出卖，虚假报道。索要他们能得到的任何东西；他们独一无二的念头是让别人打仗；对他们的'英勇斗争'做假宣传；'领袖们'对人民漠不关心。懦弱蔓延，勒索至上，走私漏税，全然愚蠢无知的参谋机构，无力控制派系争斗，继续压迫民众。拯救他们的唯一因素是老百姓的麻木服从。'知识分子'和富人把他们宝贝的崽子送去美国，农家子弟离家去死——没有关怀、训练或领导。而我们则处于这样一种位置：只能支持这个腐败的政权并赞美其挂名首脑，那个英明的爱国者和战士——'花生米'。天啊。"

一位美国记者当年在采访过中国后说，蒋介石统治集团的官员，多是留学生、富贵人家的后人。他们高高在上，说外语，敬耶稣，缺少对中国国情的理解，不了解基层人民的苦难。他们的那些政策，多是空洞的口号，不能解决实际问题。他们的治国理念来自西方，与中国的国情格格不入。当年美国政府一些人早就预感到，蒋介石靠不住，官员太腐败了，而且不团结，没斗志；军队多是从军阀中转变过来的，打仗时各自想的是保存实力。而共产党的军队很清贫，却很有战斗力。蒋介石生不逢时，而在个性、气质、胸怀、胆量、勇气等各个方面，更不是毛泽东的对手。

美国学者费正清的《费正清对华回忆录》，揭示了民众的生存需要与共产党的政治优势的一致性。费正清描述1943年中国内地的主要话题是物价和革命，他说："我可以作证，许多以前强烈地反共亲美的自由主义知识分子如今正在提出跟共产党一致的意见，而大多数美国人也和他们不谋而合。""我花了很长一段时间来想象：如我致力于中国，在如此普遍混乱的局面中我能做些什么？结论是越来越明确地认识到，我想做的正是中国共产党正在做的事情。不激进无以成事。"在中国"只剩下了革命的唯一出路"，"我在1944年带回华盛顿的主要信念是：中国的革命运动是中国现实生活中的内在产物……这种信念在某种程度上几乎成了我真诚的信仰。""从1943年起，我就认为革命在中国可能是势所难免的。1945—1946年城市经济的崩溃，国民党政权显而易见的腐败和对人民的镇压更坚定了我这一看法。"共产党的政治优势之所以能改变历史，关键是它反映了人民的意愿。国民党之所以兵败如山倒，根本原因在于它背弃了民意。正所谓"国本岂能撼，民意大于天"！

英国记者杰克·贝尔登，在解放战争期间深入边区采访，1949年出版了《中国震撼世界》一书，其中写道："蒋介石政权是压制性的，这一点不容置疑。他的政权实行严厉统治，不合法，也不公正。"

每一个人，都能从不同的角度总结蒋介石和国民党失败的原因。

第一是丢掉了农民，没有满足农民温饱和取得土地的要求；第二是丢掉了民族资产阶级；第三是经济政策失误，通货膨胀；第四是严重的贪污腐化，民心尽失；第五是一党专政、个人独裁。国民党的派系争斗直接导致了它的"裂变"和"蜕变"。

抗战胜利之后，美国人希望按照美国的模式在中国成立联合政府，民主党派希望在中国成立联合政府，共产党当时也同意成立联合政府。当时共产党还考虑将中共中央所在地从延安搬到江苏的淮安，方便参加南京国民政府的工作。但蒋介石仍然坚持一党专政、个人独裁。

蒋介石在1950年的日记里写过一个13条的反省，其中最后一条是讲他在大陆执政22年，最根本的一个失败原因，是没有很好地宣传三民主义，特别是民生主义。

蒋介石曾办过一个党政培训班，开学第一天，他拟订题目做问卷调查，其中一个问题是：为什么我们国民党处处赶不上共产党，为什么大学教员都反对本党？蒋介石读过中共七大的章程，将其中《党员与群众》、《上级与下级》两节完整地抄在日记里，他说："读了得益匪浅，本党必须要奋起急追，否则消亡无日。"

蒋介石违背了孙中山、迷失了方向，最终也没搞清什么是中国的发展道路。

第五章

成长与憧憬

1949年初，章乃器与李济深、茅盾、马寅初等30余位民主人士，在东北解放区参观，同行的人们唱起了《没有共产党就没有中国》这支歌。在听到"没有共产党就没有中国"这一句时，一向办事认真的章乃器解释说："总是先有中国后有共产党的，加上一个'新'字，道理上讲得通，还可以表明新旧中国的不同。"他这一番话得到了在场人们的赞同，按照他的建议一唱，效果果然好，不但增加了气魄和自豪感，还使词曲更为和谐。此后不久，章乃器见到了毛泽东，毛泽东对他说："你提的意见很好，我们已经让作者把歌词改了。"

1949年3月，美国《时代》周刊封面刊登了毛泽东的头像，头像右侧写着四个汉字：民主统一。此时中国的南方依然在国民党统治下。

1949年9月，司徒美堂在香山双清别墅同毛泽东会面。那里坡陡，毛泽东考虑到司徒美堂年高体弱，不便乘坐吉普，嘱咐用担架去接。警卫人员一时找不到现成的担架，毛泽东用自己的藤躺椅在两边绑上两根扁担似的木棍，制成人工轿子，并特别叮咛抬的时候要轻要稳，不要晃动，老人大为感动，说："我们这些人是来给共产党'抬轿子'的，捧共产党上台的。"毛泽东认真地说："我们今后要长期一起共事，我们大家既是坐轿者，又都是抬轿者。"

1957年毛泽东访问莫斯科,宋庆龄是代表团副团长。从莫斯科归国时,毛泽东让宋庆龄坐头等舱,自己坐二等舱。宋庆龄说:"你是主席,你坐头等舱。"毛泽东说:"你是国母,应该你坐。"

第五章　成长与憧憬

1954年《中华人民共和国宪法》的报告说明中有这样一句话，"辛亥革命开创了民主共和，民主共和由此深入人心，谁改变民主共和，谁就违背基本的民意和法律。"

民主，是人类文明进步的理想追求，是近代社会进步的重要标志。

民主，是中国革命的一面伟大旗帜，是近现代中国人梦寐以求的夙愿。

自晚清近代之后，中国处于一种列强宰制的历史情境，为了实现独立、民主的宏愿，中国人民亲眼目睹了真与假、善与恶的激烈较量，亲身经历了难以想见的艰辛与苦难。

1640年英国资产阶级革命爆发，西方出现了资产阶级民主，不过它始终与中国无缘。

20年代末共产党在江西创建苏维埃红色政权，提出区别于资产阶级传统观念、适合中国国情的民主形式之后，中国人民才第一次看到了民主的身影。

共产党在中国革命过程中始终把民主作为自己奋斗的目标，既吸收早发国家的制度模式和价值观念，又防止一味的复制和追随，根据国内外环境的变化不断调整国家的政权结构与组织形态，通过革命走出了一条新型的现代国家建设道路。

抗战时期，共产党制定的选举制度规定，凡年满18岁、赞成抗日和民主的中国人，不分阶级、民族、男女、信仰、党派、文化程度，均有选举权和被选举权，人们通过普遍、平等、直接、无记名的选举，选出自己信任的官员。共产党的各级组织在提名候选人时，不仅推荐自己的党员，同时也推荐其他抗日党派和无党派人士。选举期间，各抗日阶层、各抗日党派和团体的候选人纷纷发表竞选演说，申明自己的政见、主张和抱负。

1941年5月2日，延安《解放日报》发表题为《切实保障人民权利》的社论，提出：我们的"革命运动是人民争取民主的伟大运动，而民主和不民主的尺度，主要是看人民的政权、人权、财权及其他自由权利是不是得到切实的保障，不做到这一点，根本就谈不上民主"。

李鼎铭，幼年受教于舅父、国民党著名将领杜聿明之父杜良奎，遍读经史子集，兼及医学经典著作，精通地理、数学、天文、气象。毛泽东在长征中患上了关节疼痛症，用西医治疗不见效果。李鼎铭主动提出给毛泽东看病，当即开了四服中药，很有把握地对毛泽东说："吃了第一服药，叫你胳膊抬得起来；吃了第二服药，叫你胳膊能转动；吃了第三服药，胳膊就自由了；吃了第四服药，就能让你爬单杠了。"毛泽东按时服完了四服中药，奇迹果然出现，胳膊的疼痛消失，而且活动自如。自此以后，毛泽东有病就请李鼎铭来诊治。

经毛泽东提名，李鼎铭当选为陕甘宁边区政府副主席。他提出在各根据地普遍建立"三三制"抗日民主政权的建议，这样一种由"共产党主导"和"多党派参与"的政权形式，实际上就是后来中国共产党领导的多党合作和政治协商制度的雏形。"三三制"创新了中国民主政治的形式，在探索符合中国国情的政党制度方面具有开创性意义，被称为"远东民主的种子"。

1949年1月1日，有两份元旦献词让中国震惊：

国民党的《告全国军民同胞书》，署名蒋介石，实为陶希圣起草。蒋介石的献词中，一种无可奈何的幻灭情绪已难掩饰，他承认"戡乱"失败，愿意向已经解放北方大片领土的共产党"求和"，但条件是要保存现行宪法，保存中华民国法统，保存国民党的军队，否则，国民政府就要和共产党"周旋到底"。

共产党的《将革命进行到底》，由毛泽东亲笔起草，充满了难以抑制的自豪。献词写道：中国人民将要在伟大的解放战争中获得最后胜利，这一点，现在甚至连我们的敌人也不怀疑了。1949年将要召集没有反动分子参加的以完成人民革命任务为目标的政治协商会议，宣告中华人民共和国的成立，并组成共和国的中央政府。这个政府将是一个在中国共产党领导之下的、有各民主党派各人民团体的适当的代表人物参加的民主联合政府。

那年的第一天，无论你在什么地方，属于什么阶层，都能明显地意识到，九州大地改换人间已成定局。

筹备、召开和运作新政协，是当时国家政治生活的主题，既是共产党与民主党派长期革命合作实践的自然结果，也是处理好今后共产党与民主党派关系的关键所在。

首先要做的是消除民主党派的疑虑和防备。

1948年下半年至1949年上半年这一段时间，民主党派对革命胜利后的共产党还要不要他们心存疑虑。

1949年1月6日至8日中共中央召开政治局会议，任弼时、朱德提出了新中国成立后民主党派的经费问题。这是一个很现实的政治问题，事关中共与民主党派的合作能否长期存在和发展。毛泽东1月8日在会议上作了结论：对待民主人士是个重要问题，我们应该公开地坦诚地和他们合作，统统吃国家的。

1949年3月5日至13日，中共七届二次全会在西柏坡召开，专门议定："我党同党外民主人士长期合作的政策，必须在全党思想上和工作上确定下来,我们必须把党外大多数民主人士看成和自己的干部一样,同他们诚恳地坦白地商量和解决那些必须商量和解决的问题,给他们工作做,使他们在工作岗位上有职有权,使他们在工作上做出成绩来,从团结他们出发,对他们的错误和缺点进行认真的和适当的批评或斗争,达到团结他们的目的,对他们的错误或缺点采取迁就态度,是不对的。对他们采取关门态度或敷衍态度,也是不对的。"共产党与民主党派之间的合作关系明确了。

面对共产党真心诚意的合作姿态,1949年1月22日,各民主党派领导人联合发表《对时局的意见》,表示为召开新政协,建立新中国,"愿在中共领导下献其绵薄,共策进行"。

民主党派从抗战胜利到旧政协,再到新政协,直至最终接受共产党的领导,经历了一个比较、鉴别、选择的过程。共产党的领导地位,是在长期英勇卓绝的斗争中,在与民主党派并肩战斗的历史进程中,逐渐确立起来的,得到了各民主党派和无党派民主人士的公认。

民革提出:"必须在中国的无产阶级政党——中共领导之下",革命"才有不再中途夭折的保证"。民盟致函毛泽东,"愿以至诚接受贵党领导,在新民主主义建设的伟大事业中并愿与贵党密切配合,尽其应尽之责"。致公党表示"中共在中国革命艰苦而长期斗争中,贡献最大而又最英勇";"这次新政协的召开,无疑我们得承认它是领导者和召集人"。民进领导人马叙伦认为,共产党是新政协"当然的领导者"。

1949年1月31日,人民解放军和平进驻具有800多年历史的文化古都北平。

1949年3月25日。北平西苑机场,此时是北平各界群众以及

第五章 成长与憧憬

1949年1月31日,北平和平解放。2月3日,中国人民解放军举行盛大的入城式。图为北平各界民主人士与人民群众欢迎解放军入城的情景。

1949年3月25日,毛泽东、朱德等率中共中央机关和人民解放军总部进入北平,民主党派负责人和民主人士到西苑机场迎接。左起:沈钧儒、朱德、董必武、李济深、陈其瑗、郭沫若、黄炎培、毛泽东、林伯渠、马叙伦。

各民主党派、人民团体和无党派民主人士代表迎接中共中央、中央军委总部入城阅兵的广场。

在叶剑英、彭真的陪同下，毛泽东、朱德、刘少奇、周恩来、任弼时和其他领导人，与前来欢迎的160多位各民主党派、人民团体领袖和民主人士亲切会面。

大家互致问候，忆往叙旧，言笑滔滔，欣喜万分。

毛泽东发表了简短的演说："各位老先生和我们肝胆相照，风雨同舟。今后，共产党还将和以前一样，同诸位一起建设新中国！"

1949年春的一天下午，住在香山的毛泽东乘车来到城内，拜访北平师范大学代校长汤璪真、文学院院长黎锦熙、地理系主任黄国璋以及同乡劳君展、许德珩夫妇，与他们畅叙友情。语言学家黎锦熙，是毛泽东青年时期在长沙湖南省立第一师范上学时的历史老师；地理学家黄国璋是毛泽东同乡，一直负责九三学社的组织工作；劳君展在长沙周南女校上学期间，曾参加毛泽东、蔡和森组织的"新民学会"，1936年秋末冬初，听说红军长征初到延安，由于国民党军队封锁，物资十分缺乏，她与在北平高校教书的丈夫许德珩拿出积蓄，到东安市场买了12块怀表、十几根火腿和30多双布鞋，托人辗转送给毛泽东。

毛泽东听了大家对新中国文化、科学、教育事业发展的意见后，欣然说道："还是党外有党好哇！民主党派是中国共产党的朋友。'在家靠父母，出门靠朋友'嘛！"

谈话间天色已晚，毛泽东吩咐随行的工作人员就近从西单菜馆叫来两桌酒席。大家见酒菜太多，正不知何意，毛泽东说："你们都是九三学社社员，今天我要宴请九三学社的朋友们。在北师大还有哪些九三学社同仁，都请来。"教育学家董渭川、化学家鲁宝重等人来了，与九三学社联系密切的朋友也来了。他们有幸见到毛主席，个个欣喜异常。席间，有人提议为主席健康长寿干杯，毛泽东连连摆手制止说："在座的都是教员，我也是教员，只不过教的科目不同而已。现在，我和各位都是新中国的'长工'，我们的主人是谁呢？不是地主老财或资本家，而是人民，四万万五千万中国人民，我们要全心全意为他们服务！"

毛泽东的谈话，已经包含了一个中国民主政治的蓝图——民主党派"积极参政，共同建设新中国"。

时任中共中央统战部部长的李维汉说过，这"标志着民主党派地位的根本变化。他们不再是旧中国反动政权下的在野党，而成为新中国人民民主专政的参加者，在中国共产党的领导下，和共产党一道担负起管理国家和建设国家的历史重任。从此，各民主党派走上了新的历史道路"。

1949年8月5日，美国国务院发表美国对华关系白皮书——《美国与中国关系》，明白无误地表明美国的侵华政策虽然彻底失败了，但将反对和干涉中国革命的企图建立在民主党派中的"民主个人主义"身上。共产党连续发表了《别了，司徒雷登》、《为什么要讨论白皮书》、《"友谊"，还是侵略？》等6篇文章，深刻揭露了美国对华政策的帝国主义本质，批评了国内一部分知识分子对于美国的幻想，并从理论上阐明了中国革命发生和胜利的原因。

各民主党派也开展了对白皮书的批判，深入、严肃分析了"民主个人主义者"，表明民主党派已经从思想上与过去彻底划清了界限，进一步确立了坚持共产党领导的政治路线，标志着以共产党为领导的新型党派关系即将出现。

1949年6月15日至19日，共产党和各民主党派、无党派民主人士及各人民团体等23个单位的代表134人，参加了新政协筹

□ 万水朝东

1949年6月15日至19日，新政协筹备会第一次全体会议在北平召开，图为常务委员合影。左起：谭平山、周恩来、章伯钧、黄炎培、林伯渠、朱德、马寅初、蔡畅、毛泽东、张奚若、陈叔通、沈钧儒、马叙伦、郭沫若、李济深、李立三、蔡廷锴、陈嘉庚、乌兰夫、沈雁冰。

备会议第一次全体会议。

新政协筹备期间，社会上有不少来历不明的党派团体冒充民主党派要参加政协。这些党派团体，有些在解放战争期间对革命曾做过一些有益的工作；有些并无民主运动的历史和实际表现；有些则是极少数反动分子或政治投机分子临时拼凑起来，组织严重不纯，成分复杂。本着包括一切参加奋斗方面的广泛性和坚持不能有反动分子参加的原则性，对民主人士与投机分子的区分顺利完成。

参加新政协的各党派共14个，除了中国共产党及在香港公开响应"五一口号"的中国国民党革命委员会、中国民主同盟、民主建国会、中国民主促进会、中国农工民主党、中国人民救国会、三民主义同志联合会、中国国民党民主促进会、中国致公党，还增加了九三学社、台湾民主自治同盟、新民主主义青年团三个党派,此外无党派民主人士也作为一个单位参加。1949 年 11 月,中国国民党革命委员会、三民主义同志联合会和中国国民党民主促进会统一成为一个组织——中国国民党革命委员会;同年 12 月,中国人民救国会宣布解散。至此,新中国在中国共产党之外形成了 8 个民主党派,以及无党派民主人士这一带有党派性质的群体。

1949 年 9 月 19 日,毛泽东同刘伯承、陈毅、粟裕邀请部分民主人士游览北平天坛。

□ 万水朝东

共产党没有以打天下者自居,而是与其他各界、各党派代表平等协商;共产党也没有自恃拥兵百万,把自己的主张强加给别人。共产党创建了聚合各方力量、协商建国、共享政权的开国之路。沈钧儒亲眼目睹了共产党不以大党自居,在代表名额分配上和民革、民盟人数相等的创举,感慨万千:"这确是有史以来第一次遇见的民主政府,民主精神。"

伴随着解放战争即将胜利的隆隆炮声,1949年9月21日下午7点,中国人民政治协商会议第一届第一次全体会议在中南海怀仁堂胜利召开。来自全国各地(包括尚未解放的地区)以及海外的各界代表634人,齐聚民主旗下。他们中有政治领袖,也有开国将帅;有科学巨匠,也有艺术翘楚;有社会贤达,也有

1949年9月21日至30日,中国人民政治协商会议第一届全体会议在北平举行。

青年才俊。

大会在激昂的《中国人民解放军进行曲》和场外鸣放的54响礼炮中隆重开幕，全体代表激动不已，起立热烈鼓掌长达5分钟。

会议先由周恩来报告大会筹备经过，通过89人的主席团名单。朱德为执行主席，宣布大会开幕，请毛泽东致开幕词；接着刘少奇、宋庆龄、何香凝、张澜、高岗、陈毅、黄炎培、李立三、赛福鼎、程潜、司徒美堂依次发言，散会时已是11点。竺可桢日记记下了每个人发言的准确时间：毛泽东18分，刘少奇14分，宋庆龄12分，何香凝15分，高岗18分，陈毅5分，黄炎培11分，李立三16分，赛福鼎连翻译16分，张澜11分，程潜9分，华侨代表、84岁老人司徒美堂连翻译13分。

中国共产党虽是第一届全国政协会议的主导者和组织者，也是即将诞生的中华人民共和国的领导者，但当时，共产党的代表毛泽东、刘少奇、周恩来等同其他党派、团体的代表一样，按照坐席划分，静静地坐在主席台下。

宋庆龄在会上说："今天，中国是一个巨大的动力，中国的人民在前进，在革命的动力中前进。这是一个历史跃进，一个建设的巨力，一个新中国的诞生！我们达到今天的历史地位，是由于中国共产党的领导。这是唯一拥有人民大众力量的政党。孙中山先生的民族、民权、民生三大主义的胜利实现，因此得到了最可靠的保证。"

黄炎培在会上激情奔涌地说："我们兴奋极了，我们这一群人，今天在共产党毛泽东领导之下，要从地球几万万年一部大历史上边，写出一篇意义最伟大最光荣的纪录，它的题目，就是中国人民政治协商会议开幕。我们要在这中国人民政治协商会议中间，在东半个地球大陆上边，建造起一所新的大厦来。这一所新的大厦已题名了，是中华人民共和国。这所新的大厦，有五个大门,每个门上两个大字,让我读起来:独立、民主、和平、统一、富强。"

9月24日,许德珩在会上强调:"这次会议的人物,是包括了各民主党派、军队和各人民团体、各区域、各民族的代表。从阶级的成分来说,它有工人、农民、民族资本家、小资产阶级的知识分子;从中国革命的历史来说,它有戊戌政变、辛亥革命、五四运动以及1925年大革命以来的参加人物和领导人物;从代表的年龄来说,它有92岁的老翁,也有21岁的青年;从信仰来说,它有唯物主义的哲学家、科学家、文艺家、政治家,也有笃信宗教的基督信徒、佛教信徒、回教信徒;从居住的地域来说,它有远在天涯,冒险归来的海外侨领,也有僻处内地的苗、彝、黎、藏同胞!这些各类不同的人物,来自各种不同的地区,处着各种不同的环境,可是他们都抱着扬弃旧中国,建立新中国的同一心情,很自由地、民主地、融融和和地、空前未有地团聚起来,也是空前未有地团结起来,团结在中国共产党的周围。"

年届74岁高龄、瘦小而长须飘飘的沈钧儒,新政协四代人中唯一一个见过光绪、孙中山、袁世凯、蒋介石和毛泽东"中国五位第一号人物"的传奇人物张元济、"川北圣人"张澜、李济深这些"老神仙"一般的人物,听到动情之处,竟然老泪纵横,引得无数后生晚辈动容,益发感到"新政协"来之不易。

1949年9月29日16时15分,凝聚了几代人半个世纪心血与追求的伟大文书《共同纲领》,正式成为开国者对全体国人的郑重承诺。7000余字的《共同纲领》是这次会议的最大精神和智慧的结晶,成为新生的共和国具有宪法意义的重要文献。

这份纲领最初名为《新民主主义的共同纲领》。在愈来愈深入的筹备工作中,主持起草的周恩来强烈地感到政治协商这样的新型民主政治形式有必要长期存在下去,于是在大会召开前的第四次筹备常委会上提出将新政协会议定名为"中国人民政治协商会议",并且指出,在人民民主国家中需要统一战线,即使在社会主义时期,仍然有与党外人士的统一战线,要合作就要有各党派统一合作的组织,这组织就叫中国人民政治协商会议,要长期存在下去。由此有了《中国人民政治协商会议共同纲领》的最终定名。

在《共同纲领》第一、二稿中并没有涉及政党制度问题。新政协筹备会召开后,明确提出把实行多党合作的政党制度写入《共同纲领》,"确认各民主党派应实行长期合作",并使民主党派在各级人民代表大会及各级民主联合政府中"有职有权"。

在政治理念方面,共产党在坚持自身政治思想的基础上,融合了各民主党派要求和平建立民族独立国家的政治诉求;在政治制度方面,共产党同各民主党派和社会贤达共同治理国家,充分发挥民主党派精英和社会知名人士的政治作用;在政治行为方面,各党派严格遵守《共同纲领》,以人民的利益为根本。

各党、各派、各爱国社会阶层拥护这份纲领,愿意并接受共产党的领导,他们在这份纲领中找到了各自的利益和诉求,而这些是以往旧政府所不曾有过的种种价值诉求。

第一届全国政协会议的召开,标志着中国共产党领导的多党合作和政治协商制度确立。

中国政党制度经过了创造新因素、淘汰旧因素的生长、结晶过程而最终定型。

为什么多党竞争和一党专制不行,只能多党合作?为什么没有领导党的多党合作不行,只能是一党领导的多党合作?为什么国民党领导多党合作不行,只能是共产党领导多党合作?

中国政党制度,是由半殖民地半封建的国情和新民主主义革命的规律决定的,是为实现民族独立和人民解放这个重大历史任务而"量身定做"的。这在中国历史上是破天荒的，在世界历史上也是独一无二的。

一个社会形成多党是极为容易的，可谓易如反掌；要在多个政党存在的基础上建立一个适宜的政党制度却是相当困难的，可谓难于上青天。

在共产党1944年至1949年关于中国未来政权组织形式的选择中，多党合作的联合政府是坚定、明确的政治宣示和新政权的具体运作模式。

毛泽东明确指出："中国的民主革命，可以说是几个政党联合进行的，但是以共产党为首。"

各国政党制度的不同，体现了人类文明发展的多样性。

产生、建立和发展在中国共产党统一战线战略以及中国共产党领导各革命力量联合掌握国家政权基础上的中国政党制度，内生于中国的革命与国家建设，是中国共产党与各民主党派合力建构的。

在争取民族独立、国家建设和现代化发展的过程中，中国需要强有力的领导核心。中国革命的成功之路和国家的诞生形态，注定要选择这一政党制度。只有坚持和发展这一政党制度，才能保持国家以及国家制度应有的合法性，才能获得国家发展所需要的制度资源和政治基础。

1949年8月9日，费孝通在参加完北平各界代表会议后慨然写下这样一段文字："我踏进会场，就看见很多人，穿制服的，穿工装的，穿短衫的，穿旗袍的，穿西服的，穿长袍的，还有一位戴瓜帽的——这许多一望而知不同的人物，而他们会在一个会场里一起讨论问题，在我说是生平第一次。这是什么意思呢？我望着会场前挂着大大的'代表'两字，不免点起头来。代表性呀！北平住着的就是这许多形形色色的人物……试问英美哪一个议会能从普选中达到这样高度的代表性呢？"

第五章　成长与憧憬

1949年，司徒美堂出席政协第一届全国委员会第二次会议，藤椅做成滑竿是周恩来指示全国政协秘书处制作，为司徒美堂代步的。

新中国成立前夕，在招待出席政协会议全体代表的盛大宴会上，毛泽东频频举杯，谈笑风生，操着浓重的湖南口音说："我们这一桌什么人都到齐了。有无产阶级李立三，无党派人士、文学家郭沫若，有民主教授许德珩，有工商界前清翰林陈叔老，还有妇女界廖夫人和华侨老人陈嘉庚、司徒美堂……这是统一战线的胜利。"

寥寥数语，如叙家常。它形象地重申了共产党主张的国家是人民的国家，而不是某个党派的国家的一贯思想。

关键时刻顺应民意的傅作义将军曾向共产党人直言不讳地提

出一个尖锐的问题:"我们国民党 20 多年就垮台了,你们共产党人当然不会那么快就重蹈覆辙。但 40 年、50 年以后,会不会呢?"

毛泽东一直牢记着当年对黄炎培的答复:"只有让人民监督政府,政府才不敢松懈;只有人人起来负责,才不会人亡政息。"

共产党汲取中外历史经验,根据自己的民主实践,确立了自己的民主政体,这就是"人民代表大会制度"。刘少奇曾说过:"人民代表会议制度,就是研究了资产阶级议会制度和苏维埃制度的经验而提出的。"这一选择写入了《共同纲领》之中。第一届全国政协会议第一次全体会议实际上代行人民代表大会的职能,制定纲领、选举中央人民政府。

会议通过了《人民政协组织法》、《中央人民政府组织法》和《人民政协共同纲领》、《国都、纪年、国歌、国旗》4 个决议案,选举了政协全国委员会委员、中央人民政府委员会,可谓硕果累累。

会议选举毛泽东为中华人民共和国主席,选举朱德、刘少奇、宋庆龄、李济深、张澜、高岗为中华人民共和国副主席。

第一届中央人民政府委员会由 63 人组成,非中共人士占了 50%;在 56 名政府委员中,民主党派人士和无党派人士 27 名,也占了将近 50%。这个格局奠定了共产党与各民主党派、无党派人士合作运行国家权力,实践人民民主的基本组织与行动架构,充分体现了多党合作与联合政府的特质。

1949 年 9 月 30 日晚 6 点,毛泽东率领出席政协会议的全体委员,来到天安门广场为人民英雄纪念碑培土奠基。在八方六合的主轴线上,它截断了象征封建王朝世代延续的血脉。

8 年后,纪念碑落成了。纪念碑的正面是毛泽东笔走龙蛇的八

1952年4月,中共北京市委书记彭真就人民英雄纪念碑设计方案听取张澜(右一)、李济深(左三)等民主党派人士意见。

个镏金大字,背面是周恩来数易其稿抄写的碑文。民盟中央的两位常委——雕塑大师刘开渠和建筑学家梁思成,是这座天安门广场最高建筑的总体构思者和四周浮雕的主要设计者。

这座通高近40米的建筑,从此成了纪念鸦片战争以来,数千万为国捐躯的先烈们的伟大丰碑。

站在纪念碑前,人们情不自禁地缅怀为革命抛头颅洒热血的共产党人,同样也怀念那些为革命英勇献身的民主党派中的志士仁人,是他们用血肉之躯把我们多难的民族带出地狱之苦,送上幸福大道。

1949年10月1日下午3点,毛泽东登上天安门城楼,向全中国、全世界庄严宣告:"中华人民共和国中央人民政府今天成立了。"

□ 万水朝东

1949年10月1日,中华人民共和国在北京宣告成立。图为毛泽东与李济深、黄炎培等在开国大典上。

开国大典的鼓乐在耳边回旋。五星红旗的颜色格外醒目。

经过28年的浴血奋战,中国共产党终于在这块古老而苦难的土地上建立起人民的政权,中华民族随着这一巨变与近百年的屈辱和压迫告别。

从这时起,全国范围内再也没有了足以挑战中央权威的另一种势力。除台湾等个别地区,四万万中国人开始真正成为一个命运共同体,向着同一个目标迈进。

从这时起,人民获得了一个明确的开始。

共产党的成功之处,与其说是取得了政治意义上的拥护及随之而来的合法性,不如说是在心理层面上让最普通、最弱势的人完成了政治意识的普及。

开国大典那天,军乐团在天安门广场演奏进行曲。之前有人说用德国的乐曲,有人说用苏联的,还有人建议用美国的。最后,毛泽东确定了"以我为主,以我国为主"的方针,就是要听自己的乐曲,走自己的路。

听自己的乐曲,走自己的路——以开国大典为起点,共产党带领全国人民走上了一条探索中国特色社会主义的曲折道路。

10月1日下午,毛泽东在天安门城楼上宣读《中华人民共和国中央人民政府公告》时,新华社记者李普就站在毛泽东身后不远的地方。毛泽东宣读完公告后,李普上前要稿子。毛泽东知道李普是记者,指着一张字条叮嘱说:"这个纸条你注意,千万不要丢掉了,照此发表,不要漏掉了。"毛泽东宣读的公告稿是铅印好的文件,上面别了一张毛泽东签字并写有批语"照此发表"的字

1949年10月,中央人民政府委员会部分委员合影。

条。原来,《公告》原稿中,只开列了主席和6位副主席的姓名,接着写的是"陈毅等56人为委员",其他55人都省略掉了。10月1日上午,在中央人民政府委员会举行的第一次会议上,张治中建议在《公告》里公布56位中央人民政府委员的名单。毛泽东当即明确表态:"好,把56名委员名字都写上去,可以表示我们中央人民政府的强大阵容。"大家听了热烈鼓掌。

这份名单中,许多非中共人士担任了重要职务。当时中国政治舞台上为争取民主自由而奋斗的知名人士,以及反对国民党独裁统治的各派实力人物,可谓尽在其中。这在国内国际将产生怎样的影响,难以估量。

但中共内部有少数同志产生了质疑和不满。有人说:"革命还不如不革命,不革命还不如反革命";"老革命不如新革命,新革命不如不革命"。一些战功累累的将领直言不满:"我们打天下,民主人士坐天下!"语锋直指三位民主人士副主席中的李济深和张澜。

鉴于内部少数同志的疑虑和不满,中共高层努力开展思想工作。

当时来自解放区的一些同志看到张澜戴瓜皮帽、穿长衫,一副遗老的样子,表示反对。这时朱德公开讲话了:"讲到革命,诸位没有一个比他早的。"张澜品德高尚,座右铭是"四勉一戒",即"人不可以不自爱,不可以不自修,不可以不自尊,不可以不自强,而断不可以自欺",坚持用"宽容、忍耐、坚定、明达"八个字要求自己,奉行"富贵不能淫,贫贱不能移,威武不能屈"的人生准则。他在旧社会当过四川省长,但他的夫人照旧当农民,住茅屋;他为公益事业捐赠了大量资金;他的布衣长衫从家乡穿到繁华的上海,穿到就任中央人民政府副主席,两袖清风,一身正气。

北京市在 1949 年 11 月 18 日专门召开了一次党代表会议，彭真在会上作了"关于搞好同党外人士合作和开好各界人民代表会议的问题"的讲话，严肃批评了错误思想。关于为什么要加强同党外人士合作，彭真强调：一是党在如何管理这样大的一个国家的许多方面缺乏人才、经验，而党外不乏在这些方面有经验的人士；二是这样的政府成员结构，有利于团结并带动各阶级、各阶层人士，共同为建设新中国而努力。回顾我国革命的历史，哪一次在统一战线问题上犯了错误，革命就失败。只靠共产党三个字来勉强领导，最终是要从领导位置上掉下来的。这次开诚布公的讲话，对提高广大党员干部的思想认识、团结党外人士、加强人民民主统一战线，起了带头作用。

选举昭示了共产党的民主作风，但选举仅是民主的一部分，民主绝非只是选举这么简单。

开国大典过后，中央人民政府委员会开始运作。根据规定，政务院设政治法律委员会、财政经济委员会、文化教育委员会、人民监察委员会和主持各有关行政事务的 30 个部、会、院、署、行，还要任命副总理和政务委员若干人。这其中，对各界民主人士的安排成为各方关注的焦点。

各界民主人士的任职名单，大多由政务院总理周恩来提出报中共中央，再同各民主党派和无党派民主人士反复协商后，正式提请中央人民政府委员会任命。在此过程中，周恩来缜密考虑，反复斟酌，不断平衡协调，使各民主党派主要领导人和无党派民主人士的代表人物，差不多都安排进了政务院及其所属各部门。

黄炎培，这位大半生恪守"不为官吏"信条的清末举人，早年北洋政府两次任命他为教育总长，均坚辞不就。3 年前在延安的窑洞里，黄炎培充满忧患地谈起"兴亡周期率"，是毛泽东用

"民主"二字给了他跳出历史怪圈的信心。周恩来两次登门动员老先生出山,劝解他道:"现在是人民的政府,不是做官,是做事,是为人民服务。"经过两个多小时的恳谈,黄炎培被说动了,他表示考虑考虑。次日,他找来好友孙起孟等人征求意见。大家一致认为中共求贤若渴,劝其接受政务院的职位。当晚,周恩来再次登门时,黄炎培终于答应担任公职。其子女感到难以理解,黄炎培解释道:"以往坚拒做官是不愿入污泥。今天是中国共产党领导下的人民政府,我做的是人民的官啊!"

鉴于傅作义对北平和平解放所做的特殊贡献,周恩来提名其担任水利部长。当新政协主席团一致通过这一提名时,身材修长的傅作义激动得掩面大哭,使会议不得不暂停下来。傅作义站起来说:"周恩来先生提议由我来当水利部长,主席团竟一致通过,这是我做梦也不曾想到的。在国民党蒋介石统治的旧中国,我拎上整箱的黄金美钞,想打通关节买个部长当当而不得呀!"他泪流满面地说,"如今共产党毛泽东要我这个起义将军当部长,这是毛泽东的英明,共产党的伟大,共产党不得天下则天理难容矣!"

周恩来还请在旧社会拒绝高官厚禄的耿介之士、著名林业学家梁希出任林垦部长。当梁希得知这一消息后,曾给周恩来写了一个条子:"年近七十,才力不堪胜任,仍以回南京教书为宜。"周恩来当即回复一个条子:"为人民服务,当仁不让。"梁希深为感动,慨然表示:"为人民服务,万死不辞。"

至于提名李书城出任农业部长,则出乎很多人预料。李书城是同盟会早期会员之一,武昌首义后在武汉当过黄兴的参谋长,继之又投入讨袁护国战争和护法战争,中共"一大"是在他家召开的,他的弟弟李汉俊是"一大"代表,他本人做过有益的工作。周恩来派薄一波找李书城谈话,并对薄说:"他有这么一个历史,要照顾这个历史。"李书城就是在这种情况下出任新中国第一任农业部长的。

胡子昂是著名的政治活动家、民族工商业者、实业家,和共产党的密切交往由来已久。开国大典后的一天,张澜设宴招待进军大西南的第二野战军司令员刘伯承、政委邓小平和陈锡联等解放军高级将领,特邀胡子昂作陪。宴席上,胡子昂与邓小平约定到西南工作。胡子昂没有想到的是,他回到重庆后就被任命为重庆市副市长,分管工商业;他更没有想到,这是邓小平坚决贯彻统一战线政策、力排众议的结果。邓小平说:"我们共产党执政,安排党员担任领导职务是天经地义的。但是,城市中统一战线的主要对象是资产阶级,我们要对他们做很多工作,如果他们中有代表性的参加政府工作,通过他们去组织、团结、教育更多的人士,参加管理和建设,那是我们开拓工作的捷径。"

在政务院及下属各部委中,各界民主人士担任的职务、人选及比例为:

4 名副总理中的 2 名:郭沫若、黄炎培,占 50%;15 名政务委员中的 9 名:谭平山、章伯钧、马叙伦、陈劭先、王昆仑、罗隆基、章乃器、邵力子、黄绍竑,占 60%;4 名委员会主任中的 2 名:文化教育委员会主任郭沫若、人民监察委员会主任谭平山,占 50%;30 名部、会、院、署、行正职负责人中的 13 名:轻工业部部长黄炎培、邮电部部长朱学范、交通部部长章伯钧、农业部部长李书城、林垦部部长梁希、水利部部长傅作义、文化部部长沈雁冰、教育部部长马叙伦、卫生部部长李德全、司法部部长史良、华侨事务委员会主任何香凝、中国科学院院长郭沫若、出版总署署长胡愈之,占 43%。此外,在各部、会、院、署、行 63 位副职中,有各界民主人士 29 位,占 46%。

在政务院各部门中,各界民主人士所占比例最低为 43%,最高达 60%。这出乎许多民主党派和无党派民主人士的预料。

除政务院外，在中央人民政府委员会所辖的人民革命军事委员会、最高人民法院和最高人民检察署等国家强力部门中，也对各界民主人士作了适当安排。

人民革命军事委员会作为"统一管辖并指挥全国人民解放军和其他人民武装力量"的机构，安排起义将领程潜担任副主席，萨镇冰、张治中、傅作义、蔡廷锴、龙云、刘斐为委员，直接参与最高军事决策与指挥。

作为"全国最高审判机关，并负责领导和监督全国各级审判机关的审判工作"的最高人民法院，不但直接由沈钧儒担任院长，而且在两名副院长中也安排了一位民主人士张志让。

在"对政府机关、公务人员和全国人民之严格遵守法律"负最高检察责任的最高人民检察署两位副检察长中，有无党派民主人士蓝公武直接参与领导工作。

新中国成立之初，各民主党派和无党派民主人士在国家政权中任职的庞大阵容，是由当时新民主主义社会的性质、国家政权的性质、社会主要矛盾、形势和任务所决定的。

新中国成立初期，中国社会正处于从半殖民地半封建社会向社会主义社会过渡的新民主主义阶段，社会主义性质的国营经济、半社会主义性质合作社经济、农民和手工业的个体经济、私人资本主义经济、国家资本主义经济五种经济成分并存。在此基础上建立起来的国家政权，既不是资产阶级专政也不是无产阶级专政，而是具有统一战线性质的人民民主专政，是由工人阶级、农民阶级、小资产阶级和民族资产阶级几个革命阶级联合专政的共和国。天安门城楼两边各挂的四面红旗，就是代表了这四个阶级。作为民族资产阶级和小资产阶级政治代表的民主党派和无党派人士，理所当然在国家政权的组织构成上占一定的比例。

新中国成立初期，社会主要矛盾是人民大众与三大敌人残余的矛盾，民主革命的任务尚未完成，社会主义革命和建设需要准备。在政权机构中安排民主党派和无党派人士，有利于团结大多数，打击最主要的敌人，是政治上的需要，也带有一定的策略性。如安排了李济深、张治中、傅作义、程潜，就稳定了几十万原国民党军政人员，也维护了社会稳定。

新中国成立初期，共产党的工作重心刚刚从农村转入城市，从搞武装斗争转入国民经济的恢复和建设，急需大批领导人才和专业人才。各民主党派和无党派人士中汇集了一大批具有很高的文化科学素质和管理水平的人才，充分利用这部分政治资源，能够保证共产党和国家中心任务的顺利完成。

新的国家的建立，没有民主党派的支持是不可想象的。

如果没有民主党派作为组织存在，政局就不会平稳地过渡。

经过一年的努力，全国共成立了28个省人民政府、9个相当于省一级的人民行政公署、12个中央或大行政区直辖的市人民政府、67个省辖的市人民政府；在基层，成立了2087个县人民政府。在此期间，所有的市以及1707个县、36个蒙古旗，召开了各界人民代表会议，全国大部分的区乡和村都召开了人民代表大会或人民代表会议、农民代表会议。新民主主义的政治制度在全国范围内建立并运作起来了。

千百年来受尽被侵略掠夺之辱的中华民族，何曾有过这样的信心和力量？历经艰难困苦的中华大地，何曾出现过这般的勃勃生机？

1949年至1954年，在新中国的政治、经济、文化、民族事务、外交等各个领域，都活跃着民主党派的身影。

在新民主主义革命中，各民主党派融入了政治的主旋律，与共产党相互合作，积极参加国家建设，党际关系融洽。这种融洽关系主要依靠共产党的高级领导人与民主党派的领导人之间的密切合作。

新中国成立不久，共产党建议各民主党派在社会上发展成员应有适当的侧重，各党派间的关系由此可作必要的调整。各民主党派中央负责人经过与中共中央领导人协商，明确了各自的主要活动范围和组织发展重点。即：民革主要是以原国民党党员及在职的旧公务人员的中上层为主；民盟是以文教界的中上层知识分子为主，首先吸收大学教授和文教界有影响的上层人士；民建是以工商业资本家及其代表人物为主，与工商界有联系的知识分子、资本家代理人、私营企业中的高级职员亦可吸收；民进以中小学教职员和文化出版界人士为主要发展对象，在社会上较有影响的上层知识分子、大学教职员亦可吸收；农工党主要发展公职人员、与经济建设有关的中上层人员和医务工作者；致公党发展归国侨胞及与华侨有联系的人士；九三学社是科学技术界的高、中级知识分子；台盟的发展对象是居住在祖国大陆的台湾省籍同胞。为避免有关国家的疑虑和外交纠纷，经协商确定，各民主党派原在国外以及香港、澳门等地建立的分、支组织，停止活动。

在共产党的帮助下，1949年年底至1950年，各民主党派相继召开了各自的全国代表大会或中央会议，进一步明确宣布接受共产党的领导，以《共同纲领》作为各自的政治纲领。但事实上，各民主党派对要不要以《共同纲领》作为政治纲领是有争论的。有人想在人民民主专政下搞反对派，把民主党派搞成单一的资产阶级政党；有人主张发展成员可以不问政治面貌。但持这些主张的人在会上受到了批评，陷入了孤立。

共产党与各民主党派既不是彼此对立、互不相容的关系，也不是一方独大，另一方无足轻重、行将取缔的关系。历史选择了共产党在新政权中的领导与执政地位，也同样选择了民主党派的合作者身份和参政地位。

新政协筹备会召开前,由于中共主要负责同志与民革、民盟、民建初步沟通,准备长期合作,引发了其他民主党派是否继续存在的疑问。全国政协第一届一次会议闭幕后,有些民主党派领导人认为,民主党派是为争取民主而成立的,现在有了民主,其任务已尽;有的认为即使有合作的传统,也并非有合作的必要,多党合作只是两三年的事;还有的认为民主党派是一根头发的功劳,可有可无。

九三学社和救国会、民主革命同盟(又称"小民革")等民主党派认为革命建国已经成功,民主党派的历史使命已经完成,因而准备解散;毛泽东知道后没有同意。后来,沈钧儒又提出要把九三学社归并于民盟,并请示了统战部部长李维汉,李维汉说"九三学社,都是一批拿粉笔的高级知识分子",没有认可。

1949年11月,农工民主党在北京召开"五干会议"期间,部分代表要求"光荣结束党的任务"。周恩来得知消息后亲自莅会,语重心长地说:"农工民主党是一个政党,诸位要很认真很严肃地来对待这个问题。就我看来,农工民主党还不是应该结束的时候。我认为农工民主党还有它的历史任务,不能让它无疾而终。"与会同志听后感佩不已。

1950年2月,当毛泽东和周恩来得知有的民主党派要解散的消息后深表惋惜,他们立即派负责同志到有关党派,转达了不赞成解散民主党派的意见;毛泽东还亲自出面吁请其他民主党派领导人不要再解散各自党派。毛泽东多次强调:"民主党派不能取消,不但要继续存在,而且还要继续发展。"

1950年3月,第一次全国统战工作会议首次明确了民主党派是"新民主主义性质的政党",确认了建国后对民主党派的总方针:帮助各民主党派团结、进步、发展,在国家政治生活和祖国建设事业中同他们真诚合作,充分发挥他们的积极作用。

周恩来在会上说:"事实说明,有组织比没有组织更好……便于他们学习,便于他们把各个阶级的意见反映给我们,在政治上他们也能够更好地同我们合作和配合。有些工作他们去做有时比我们更有效,在国际上也有影响。"周恩来的话给出答案:保留民主党派存在,不仅有历史基础,也有现实需要。

就实际情况而言,新中国成立初期共产党面临严峻考验:军事上,人民解放战争虽已获得基本胜利,但还没有完全结束,共产党必须集中力量对付国民党残余,尽快稳定政局;经济上,新中国所继承的是一个千疮百孔的烂摊子,生产萎缩,交通梗阻,民生困苦,失业众多,而民主党派在发展经济方面有大量的人才和资源;国际上,虽有一批国家承认新中国,但不仅以美国为首的资本主义国家怀抱敌意,就是同一阵营苏联也对新中国的能力有所保留,而与国外友好人士的沟通,同样也需要借助民主人士的力量。更为关键的是,共产党作为和平时期的执政党,在新的历史条件下保持自己的优良传统而不致被权力腐蚀,不仅需要党内监督、人民监督,也需要来自民主党派的监督。

毛泽东在会上发表著名论断:"民主党派不是一根头发。从他们联系的人们看,是一把头发,决不可藐视。""民主党派和共产党的干部,手掌手背都是肉,不能有厚薄。"

由此,形成了在共产党领导下,各民主党派和无党派民主人士共同参政、多党合作的政治格局。

正确的统一战线政策,促进了共产党同各民主党派和无党派民主人士的真诚合作。

共产党人在战争的废墟上建立起了自己的政权,几乎一切都得从头开始。人民需要安定的环境,休养生息;国家建设更需要有一个较长的和平时期。

新中国成立初期,一切重大决策都是中共中央事先同民主党派协商探讨而后确定的。

凡是遇到国家的大政方针和人民生活中的重大问题，各党派总要在一起充分发表各种意见和建议，认真、平等地协商讨论，呈现出团结、祥和、生动、活泼的政治局面。

正是因为共产党能以豁达宽广的胸怀，团结四海人才，真心实意地和全社会不同阶层各路英才紧密合作，夯实多党合作的现实基础，才迎来了多党合作的黄金时期。

1950年11月，薄一波总结的同党外人士合作共事的四点经验，颇能反映当时共产党与民主党派的相互关系。薄一波认为，与民主人士和其他党外人士合作好，必须做到：（一）要使党外人士有职有权；（二）一切重要决定应有应该参加的党外人士（如部长、副部长等）参加决定；（三）有些日常处理的重要事情（如电报、公文）和上级来的指示，下级来的报告，均应使应该看到的党外人士看到，每天在做什么事情他都知道；（四）用人也应与党外人士商酌；党外人士所举荐的人，更应慎重考虑，能用者尽量予以录用。

1950年6月，中共中央提交全国政协第一届二次会议讨论通过的《土地改革法》草案，由中共中央负责人事先约请各民主党派、无党派民主人士和其他爱国人士协商座谈，交换意见，在统一认识后才提交讨论。

就连最敏感的社会学家也没有想到，这场冲击中国封建制度数千年根基的伟大变革，得到了各民主党派和无党派人士的热烈响应；与封建土地所有制有着千丝万缕联系的民主人士，竟然成了中国土改运动的坚决拥护者和积极参与者。

民革成员、曾率部起义的爱国将领刘文辉说：我就是一个地主，我将无条件、无保留地献出我所有的一切土地分给农民。与刘将军同举义旗的邓锡侯将军也表示：土改是和我本阶级利益相

□ 万水朝东

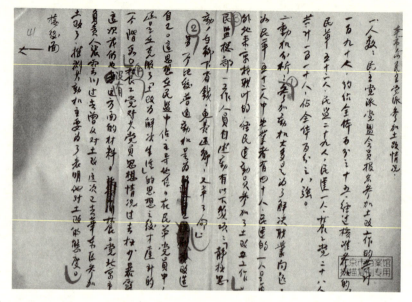

1951年,中共北京市委统战部对各民主党派参加土改情况进行了总结。

冲突的,但我抱定决心,不仅做到军事上的起义,而且要做到阶级上的"起义"。

有史以来规模最大的土地改革运动,在解放了的广大农村全面铺开。到1953年春,全国约有三亿多无地和少地农民分得七亿亩土地和大量的生产资料。

1950年6月25日,朝鲜战争爆发。两天后,美国军队入侵朝鲜半岛,第七舰队开往台湾海峡,随后又把战火烧到鸭绿江边。

怎么办?是出兵迎战,还是隔岸观火?未满周岁的共和国面临第一次严峻的抉择。

几乎在中共中央彻夜商讨对策的同时,政务院总理周恩来和中共中央统战部部长李维汉,先后同各民主党派负责人和无党派民主人士进行了三次紧急协商。大家一致认为,抗美援朝、保家卫国,义不容辞。

10月19日，当首批25万大军雄赳赳气昂昂地跨过鸭绿江、奔赴朝鲜战场时，即使是身经百战的指挥员们也未必知道，这支队伍的名字"中国人民志愿军"，是中共中央接受民主人士的建议而确定的。

中共中央和毛泽东最初曾想以"支援军"名义出兵。在征求民主党派意见时，黄炎培向毛泽东、周恩来提出："自古道出师有名，名不正则言不顺，这个仗就不好打。"周恩来说："我们叫支援军，支援朝鲜人民嘛。"黄炎培说："支援军那是派出去的。谁派出去支援？国家吗？我们是不是要跟美国宣战？"毛泽东听后说："有道理！我们不是跟美国宣战，不是国与国宣战，我们是志愿的，这是民间的事，人民志愿帮助朝鲜人民的。"说着，毛泽东提笔将"支援"两字改写成"志愿"。周恩来赞同说："对，世界上有许多志愿军的先例，马德里保卫战就有各国的志愿兵。"黄炎培频频点头，笑道："师出有名，则战无不胜。"

与世界头号强国抗衡，中国人民的爱国热情上升到了从未有过的高度，《我的祖国》在大江南北唱响。

11月4日，中国共产党和各民主党派联名发表《各民主党派联合宣言》。这份历史性文献，措辞严谨、大义凛然，充分表达了全中国人民决心赢得战争、保家卫国的坚定信念。它的初稿是由民主党派人士起草的。

在"宣言"精神感召下，民主党派成员以及全国工商界人士，热情投入到宣传抗美援朝、捐献飞机大炮、慰问志愿军和军烈属的群众性运动之中。仅1951年夏天的头两个月，全国工商界就捐献飞机400余架，为夺取抗美援朝胜利做出了不可磨灭的贡献。

在民建中央号召下，民建党员与各地工商业界积极行动起来。北京工商界捐献飞机31架，天津捐献飞机38架、现金29亿元（旧

□ 万水朝东

1953年10月，以贺龙（前排左三）为团长、朱学范（后排左一）为副团长的第三届赴朝慰问团访问朝鲜。图为慰问团成员与金日成（前排左四）合影。

币），上海捐献404架，武汉捐献4架，成都捐献4架，济南、青岛捐献34架，福州捐献8架；其中民建会员捐献179架。

1951年5月，民革中央成立捐献总会，由何香凝任主任委员。在民革中央号召下，至1952年5月，民革党员捐献现金13亿余元（旧币）。

同年7月，农工党成立了捐献委员会，为捐献"中国农工民主党号"飞机1架开展了全党捐献活动。到1951年10月，全党共捐款2亿多元（旧币）和金银首饰、手表等一批实物，其中黄琪翔夫妇捐出西式楼房两座。

九三学社也积极行动起来，仅九三学社复旦大学支社社员就捐款5亿元（旧币）。

为了让英雄流血不流泪，抗美援朝期间，中国人民先后组织了三批慰问团赴前线慰问，各民主党派及其他群体积极参与了这些慰问前线活动。

救邻即是自救,保卫祖国必须支援朝鲜人民。各民主党派积极动员各自成员、子女和亲属踊跃参军参战,参与国内的国防军队建设,为国内经济建设和社会改革赢得相对稳定的和平环境做出了贡献。

为了巩固人民民主专政,维护人民根本利益,保证抗美援朝和土地改革的顺利进行,1950年12月至1951年10月,中共中央在全国范围内展开了清查和镇压反革命分子的政治运动。在镇压反革命运动中,共产党各级党委及政府注意通过与民主党派和无党派民主人士的协商,宣传共产党的方针政策,确定对反革命案

1952年2月1日,在"三反五反"运动中,中央人民政府最高法院在北京中山公园组织临时法庭公审贪污犯。沈钧儒(左二)亲任审判长。旁立者为法院副院长吴溉之,当时任审判员。

件的处理原则,并邀请他们中的一些人参加镇反的具体工作。

土地改革、抗美援朝和镇压反革命三大运动,巩固了年轻的人民共和国。而主要通过没收官僚资本建立起来的社会主义国有经济,经过三年发展也牢牢地掌握了国家经济命脉,确立了自己在国民经济中的领导地位。

这样的成就,离不开共产党与各民主党派、无党派民主人士的通力合作、团结奋斗。

李济深在一次会议上说:我已古稀之年,第一次看到中国打败美国,第一次看到孙中山先生"耕者有其田"的理想变成现实,第一次看到中国的廉政建设如此彻底。李济深的一席话说出了民主党派人士的心里话,表达了当时各族人民的普遍心情。

新中国的经济基础决定了中国实现工业化只能主要依靠社会主义国有经济,而在中国现代工业中占第二位的私营工业,经过社会主义改造,也将对社会主义建设做出重要贡献。

1953年10月,中华全国工商业联合会成立。这一具有统战性质的重要团体,在国是活动中代表民族工商业者参政议政。

在全国工商联、民建等党派团体的密切配合之下,到1956年,以全行业公私合营为主要形式,对资本主义工商业的社会主义改造基本完成。

通过和平赎买方式实现对生产资料资本主义私有制的变革,在社会主义发展历史上尚属首创,体现了鲜明的中国特色,也是中国历史发展的必然。

在对资本主义工商业的社会主义改造中,共产党和政府始终把企业和人看做是资本主义工商业留给新中国的两项财富,凡重大方针政策的制定和实施,都是先通过各种协商会、座谈会,听取民主党派、工商联和无党派民主人士的意见。

在对农业、手工业、资本主义工商业进行社会主义改造的关键时刻，新中国的社会主义民主和法制的建设，也迈出了关键的一步。

1954年9月，第一届全国人民代表大会第一次会议在北京举行。这次会议的首要任务是制定第一部中华人民共和国宪法。各民主党派、工商联和无党派人士参加了以毛泽东为首的宪法起草委员会。

仅在半年时间内，各民主党派、团体和无党派人士提出了5900多条修改意见。宪法草案公布后，全国各地又提出意见118万多条。如此大规模发动群众、征求民意，在各国制宪史上也是绝无仅有的。

这部宪法正式确立了中国人民民主统一战线在国家政治生活中的地位和作用。明确规定各民主党派、工商联享有在宪法权利和义务范围内的政治自由、组织独立和法律地位平等。

第一届全国人大的召开，《共同纲领》被《中华人民共和国宪法》的取代，标志着5年来全国政协代行国家权力机构的职能宣告结束。但是全国政协作为统一战线组织和实行多党合作的重要形式，仍将长期存在。

客观地说，由中国共产党和各民主党派共同协商制订的《共同纲领》，成为新中国建立初期多党合作的政治基础，但对于共产党和民主党派之间的关系并未做详细规定。对此，毛泽东与周恩来提出"一份职务，一份权利，一份责任，三者不可分离"的原则，要求共产党员尊重非中共党员的职权。但是权力分配还缺少制度和法律保障，有一定伸缩空间。

政协不是国家权力机关，也不是行政管理机关，最初的设计目的是共产党同各民主党派协商合作，共同解决国家重大事务。

它从中国政治生活的逻辑中土生土长出来，以多元为前提，以平等为基础，以参与为动力，以协调为手段，以共赢为目的。政协把社会精英组合到政治体系中来，而不让他们游离于政治之外组成反对派别。通过合作、协商代替对立、争斗，平衡与协调各方面的利益，避免了政党互相倾轧造成的政局不稳和政权频繁更迭，最大限度地减少了社会内耗。

1954年9月20日，第一届全国人民代表大会召开，全体代表一致表决通过《中华人民共和国宪法》，新中国第一部宪法颁布实施。这部宪法是在中国共产党领导下由人民自主地通过行使制宪权而制定的，是社会主义类型的宪法，实现了党的正确主张和人民共同意志的统一。它以1949年《共同纲领》为基础，又是《共同纲领》的发展。

在第一届全国人大召开后，政协由权力机关变成了人民团体，组织结构也出现了变化，由原来的全体会议、全国委员会、常务委员会三层，改为全国委员会全体会议和常务委员会两层。由此可见，1954年的全国人大会议是以1949年的政协会议为基础，同时又是政协会议的发展。

长期以来，一直有一种说法：在1954年第一届全国人大召开以前，由政协会议代行全国人大职权，行使国家最高权力。准确地说，在历史上只有1949年9月21至30日召开的政协第一届全体会议代行过全国人大职权，其余历届政协会议皆未行使过这一权力，始终仅作为统一战线组织而发挥作用。

第一届全国人大后，新民主主义框架中共产党与民主党派的关系在预定范围内有所调整。

1955年3月，《中共中央关于市、县人民委员会中党员和非党人士的比例及市、县设置政协委员会等问题的规定》明确了地方机构中党外人士的比例。大批党外干部的参与，协助巩固了新生政权,恢复了国民经济,实现了社会稳定。

伴随着民主化进程和经济建设的同步发展,各行各业对科学文化的需求显得越来越迫切。1955年,中共中央决定就如何发挥知识分子作用、提高我国科学技术水平的问题广泛征求各阶层意见。

肩负重托的民主党派畅所欲言,开诚布公地提出了共产党内存在的对知识分子估计不足、信任不够、使用不当、待遇不公等问题。

1956年1月,中共中央召开了关于知识分子问题的会议,毛泽东亲自主持。周恩来在报告中代表党中央郑重宣布:"中国的知识分子,经过学习和锻炼,绝大部分已经成为国家工作人员,已经为社会主义服务,已经是工人阶级的一部分。"

这次会议和随后提出的"百花齐放、百家争鸣"方针,引起了全社会的巨大反响。短短几年时间,科学技术几乎是一片空白的中国,在原子能、航空、半导体、电子计算机等领域的基础研究方面,出人意料地取得了一些具有当时世界先进水平的科研成果,使得一直对中国采取孤立政策的西方国家也不得不刮目相看。

正是在这样的氛围中,共产党率领中国人民于1953年完成了新民主主义革命的任务,在1956年完成了社会主义改造的任务,并向全世界豪迈地宣布中国进入了社会主义社会。

社会主义是人类历史上崭新的事业。中国共产党人以改天换地的气魄,领导亿万中国人民按照一百多年前马克思、恩格斯关于社会主义的理想蓝图,借鉴苏联社会主义建设的经验,开始在中国这块东方古老的大地上构筑社会主义大厦。

这是一段沐浴霞光也布满风雨的历程。"社会主义好"的歌声响彻神州大地,亿万人民满怀豪情,共和国高歌猛进,证明了共产党创造的社会主义制度所蕴涵的巨大力量。在共产党的领导下，坚定不移地走社会主义道路，成为中国人民永恒的信念。从此，中国有了自己的现代工业、现代科技、现代国防；有了民族的尊严，以及在国际舞台上举足轻重的地位；中华民族不断地发展、不断地强大。

建立广泛的统一战线是民族民主革命的三大法宝之一，也是社会主义革命和建设的重要法宝。

在社会主义新条件下，如何正确看待和处理共产党与民主党派的关系，成为共产党必须解决的重大现实政治问题。

民主党派要不要继续存在的问题再一次被提了出来，在中共党内也有些同志对是否需要继续与民主党派合作持否定态度。在这个重大历史关头，1956年4月，毛泽东发表了著名的《论十大关系》重要讲话。谈到政党关系，他明确提出了："究竟是一个党好，还是几个党好？现在看来，恐怕是几个党好。不但过去如此，而且将来也可以如此，就是长期共存，互相监督。"他还说："党政机构要精简，不是说不要民主党派。希望你们抓一下统一战线工作，使他们和我们的关系得到改善，尽可能把他们的积极性调动起来为社会主义服务。"

在同年9月召开的共产党八大上，把"长期共存、互相监督"正式确定为共产党与各民主党派团结合作的基本方针。

这个方针突破了苏联一党制模式的弊端，是马列主义政党学说同中国具体实际相结合的产物。

这个方针继承了民主革命时期的政治成果。在新中国的政治结构内，共产党与其他的民主党派形成共存的党际关系，共产党是执政党、领导党；各民主党派作为相对独立的政治派别参与政权。新民主主义框架中，按照"各革命阶级联合专政"的政治要求，政党关系在很大程度上有着联合的意味；社会主义改造后，共产党与各民主党派之间则逐渐确立"长期共存、互相监督"的关系。

这个方针奠定了多党合作的基础,把马克思列宁的多党合作思想从一种策略需要发展到一种战略需求,推动了多党合作和政治协商制度向前发展,迈出了建立和谐党际关系制度化的重要一步。

在中国共产党的帮助下,全国各民主党派组织得到空前发展。解放初期8个民主党派的总人数不足1万,到1957年突破10万,7年多增长10倍以上。

共产党人对民主党派的高度信任,和谐融洽的党际关系,调动起各界人士的极大政治热情。民建和工商联的领导人、实业界代表人物李烛尘,在1955年1月15日《天津日报》首提"听毛泽东的话,跟共产党走,走社会主义道路"这一著名口号,成为当时各民主党派的座右铭。

国家政治生活出现了空前活跃的局面。各民主党派、无党派民主人士通过最高国务会议、双周座谈会、民主协商会等多种渠道,积极参政议政,对中共中央和各级政府部门的工作直言不讳地发表了许多中肯而有重大价值的建设性意见。

毛泽东与民革中央副主席邓宝珊的交往始于延安时期。建国后邓宝珊被任命为甘肃省人民政府主席、省长,每逢到北京开会,毛泽东总是抽时间约见或宴请邓宝珊。一次会后,毛泽东听说邓宝珊对"镇反"运动中处决原国民党甘肃省教育厅长宋恪有保留意见,要邓宝珊谈谈自己的看法。邓宝珊说:"这个人是个留学生,有一技之长,解放前虽然有罪恶,临解放时却是自己来投诚的,投诚后也无反动活动,应当是可杀可不杀。"毛泽东说:"既然是这样,当然还是不杀为好,希望你以后看到我们的缺点还是不客气地提出来。"

张澜和梁漱溟曾应邀出席一次会议,会上梁漱溟直言表达自己的意见，不料却遭到了毛泽东的严厉批评。张澜也在现场，未发一言；翌日，写信给毛泽东，坦言批评毛泽东的不冷静，为梁申辩："'反动透顶，一贯反动。'其言重矣，其论失公正矣。"毛泽东于是不再重提。

1953年6月，中国人口突破6亿人，这引起无党派人士马寅初的高度重视，他自觉地把人口问题列为重点科研项目。在1957年的一次最高国务会议上，马寅初结合古今中外的历史经验和中国的具体实际，提出"节制生育，提高人口质量"这一关系到中华民族前途与命运的重大战略问题。听了马老的见解，毛泽东笑着说："人口是不是可以搞有计划地生产，完全可以进行研究试验，从前马老的意见，百花齐放没有放出来，人家反对就是不要他讲，今天算是畅所欲言了。"

遗憾的是当时马寅初的远见卓识，仅仅被看成是一家之言，

马寅初

有关部门既没有认真研究,更没有采取有效对策。两年后,康生、陈伯达一伙跳了出来。他们抓住马寅初"新人口论"中的个别词句,组织人马大肆挞伐,把"反党、反社会主义"等一大堆帽子强加在马老头上。马寅初由一位爱国民主人士变成了中国的马尔萨斯,这位刚直不阿的知识分子楷模,从此在中国政治舞台和学术论坛上销声匿迹。

1960年春,79岁的马寅初"辞官归第",门前冷落。陈云因身体不好,托请陈毅代为看望马寅初。陈毅坦率地说:"我和陈云同志都认为您的人口理论是正确的,您提出的解决中国人口问题的主张和办法也是远见卓识,即使再过一万年,您马寅初在这个问题上也是正确的。"告别时,陈毅对马家的几个孩子说:"你们的父亲还是姓马克思的马,很好很好。我曾经作过一首诗,诗曰'大雪压青松,青松挺且直。要知松高洁,待到雪化时'!孩子们,冬天过去是春天,历史定会给他做出公正的评价!"

1956年,李烛尘已74岁高龄,毛泽东力排众议,任命他为食品工业部部长。1958年、1965年李烛尘先后被任命为轻工业部部长、第一轻工业部部长。任部长的12年内,李烛尘大搞调查研究,提出许多建议,得到贯彻和实施。难能可贵的是,李烛尘对

1958年3月,各民主党派和无党派人士在北京举行社会主义自我改造促进大会。

看到和了解的情况以及自己的想法、意见，甚至不同意见，都能如实向毛泽东反映。1957年反右运动扩大化中，李烛尘对许多学有专长的爱国知识分子被定为"右派"有些不解，对"七君子"之一的章乃器被定为"右派"更加不解，甘冒风险直接给毛泽东写信反映意见。在1958年"大跃进"的高潮中，满天飞的数字搞得李烛尘头昏脑涨，他问1931年就入党的大儿子："怎么，你们共产党也讲起假话来了？"为了了解"大跃进"的真实情况，李烛尘回到故乡进行实地考察；回北京后，他在向全国人大常委会等领导机关写的《视察报告》里肯定了成绩，同时提出了自己的看法。尽管李烛尘对当时的某些运动有过不同意见，但并没有动摇他"听、跟、走"的决心。有一年毛泽东请他吃饭，李烛尘发自内心地说："我心里是坚定地跟共产党走的。"

在民主革命时期，各民主党派与共产党风雨同舟、患难与共。

在社会主义时期，各民主党派同共产党一道前进，一道经受考验。

第六章
挫折与停滞

新中国成立后，毛泽东作为党和国家的最高领导人，日理万机，对于一些重要人士的逝世，多以致送唁电和花圈等形式来悼念，亲自参加悼念活动比较少，有着其特殊的象征意义，格外被人关注。毛泽东曾于1950年、1963年、1972年分别参加过任弼时、罗荣桓、陈毅三个人的葬仪，他们一位是中共中央书记处的书记，两位是元帅。毛泽东分别参加过两位民主党派人士的葬仪：一是1955年张澜先生逝世后，毛泽东曾亲视含殓；二是1959年李济深逝世后，毛泽东曾前往灵堂吊唁。

著名历史学家、历史剧《海瑞罢官》作者吴晗，1943年7月加入民盟。1965年11月在"文化大革命"中被公开点名批判时，不仅担任北京市副市长的公职，而且身任民盟中央副主席和民盟北京市委主委。最先被揪出的所谓"三家村黑帮"三人中有两人与民主党派有关，一人是吴晗，另一人是中共北京市委专与民主党派及无党派民主人士打交道的统战部部长廖沫沙。

□ 万水朝东

　　集体主义的环境，革命主义的热血，理想主义的情怀，英雄主义的自许，勾画出一个特殊的年代。

　　人们似乎发现了到达理想彼岸的"捷径"，兴奋地寻求绝对真理，坚韧地追求"立竿见影"的效果。

　　新中国成立后，共产党面临由一个成功的革命党转变为一个合格的执政党的巨大转型，这是历史的必然。完成这个高难度的动作，需要通过职能的转变、结构的转型、运作的方式等做出一系列科学而迅速的调整。但就当时的情况来看，共产党执政的准备仍显不足，暴露了作为一个年轻执政党的不稳定和不成熟，继而出现了一系列问题或错误，随即变得有些失控，最终跌入了更大的误区。

　　50年代后半期，面对新的政治环境，共产党由于缺乏经验，对执政规律、建设规律认识不清楚、不深刻，在指导思想上产生了"左"的错误；民主党派也没有做好思想准备，共存与监督角色如"之"字形的历史发展路径，出现明显反复，党际关系在大环境下开始显得脆弱。民主党派的历史作用在总体上虽然没有消失，多党合作的格局仍然存在，"长期共存，互相监督"的方针也没有放弃，但效果有限。

　　从1957年反右斗争扩大化到1976年"文化大革命"结束，多党合作经历了从挫折到调整、从波动到破坏再到恢复的严重波折，也经受了不抛弃、不放弃的严重考验。

1956年社会主义改造基本完成，中国社会发生了从革命到建设的深刻转变。共产党处于执政党的地位，得到广大群众的拥护。党内许多同志惯于采取单纯的行政命令的办法处理问题，一部分立场不坚定的共产党员和领导干部形成一种特权思想，甚至用打击压迫的方法对待群众。为此，中共中央决定在全党进行一次普遍、深入的反对官僚主义、宗派主义和主观主义的整风运动。

1957年，对于不少民主党派而言，是冰与火的炼狱。接踵于畅快淋漓的鸣放与宣泄而来的，是反省、自贬、批判。

1957年4月30日，毛泽东邀请各民主党派负责人在天安门城楼上举行座谈，请他们帮助共产党整风。

从1957年5月初起，为发动党外人士帮助整风，在全国政协和国务院礼堂分别召开了13场各民主党派、无党派人士座谈会和工商界人士座谈会，约180名党外人士发了言。党外人士对中共提出了一些批评、意见和建议，其中绝大多数是正确的、善意的，有些批评尽管措辞尖锐，但却切中时弊，十分有益。如民盟中央主席杨明轩、民革中央副主席刘斐等提出的党政应分开，不能以党代政；民革中央副主席熊克武等提出的要发扬民主、健全法律；无党派民主人士、原教育部部长张奚若认为经济建设中出现的问题是"好大喜功，急功近利，鄙视既往，迷信将来"在作祟等，都具有积极的意义。

但是，在座谈会中，极少数人借机向共产党和社会主义制度发动进攻，把共产党在国家政治生活中的领导地位攻击为"党天下"，要求"轮流坐庄"；把人民民主专政制度说成是产生官僚主义、宗派主义和主观主义的根源等等。在他们的煽动蒙蔽下，一些地方发生了少数工人罢工、学生罢课和闹事，且有蔓延之势。这是毛泽东和共产党没有预料到的。邵力子曾质问:"你们把共产党搞垮了有什么好处?"

从新中国成立到社会主义改造基本完成,7年里实现的深刻社会变革,势必引起社会阶级、各阶层的不同反应;反抗和敌视社会主义的势力在一定范围内还存在,中国要不要走社会主义道路和坚持共产党领导的问题,实际上还没有完全解决。

联系到1956年社会主义国家匈牙利所发生的事件,整风中出现的反党反社会主义的思潮,不能不被毛泽东和共产党看成是一个危险的政治信号。

1957年5月15日,毛泽东在《事情正在起变化》中对民主党派做了过于负面的判断,他说:"最近这个时期,在民主党派和高等学校中,右派表现得最坚决最猖狂。"

6月,反右派运动全面展开,并发生了严重扩大化的错误。7月1日,毛泽东在为《人民日报》撰写的社论中,把民盟和农工民主党错误地说成反共反社会主义的党派,说:"民盟在百家争鸣和整风过程中所起的作用特别恶劣,有组织、有计划、有纲领、有路线,都是自外于人民的,是反党反社会主义的。还有农工民主党,一模一样。"

反右运动的扩大化,直接对以知识分子为主体的民主党派产生了巨大的打击。民革的所谓"大右派"代表龙云、黄绍竑、陈铭枢、谭惕吾等被先后揪出,许多担任实职的民主党派和无党派人士受到冲击,被错划为右派分子,作为民主党派参政平台的政治协商会议活动减少,民主党派被过多强调学习与改造的一面,其参政与监督功能受到限制。

薄一波回忆道:"1957年,对右派分子'这种进攻进行坚决的反击是完全正确和必要的。但是反右斗争被严重地扩大化了','造成了不幸的后果'。在当时被划成右派分子的55万人中,除极少数是真的右派分子外,99%都是错划的。"

反右斗争的高潮过后，1958年1月，毛泽东在最高国务会议上提出，各民主党派也要整风，要整得适合人民的要求。

1958年7月，中共中央统战部起草了《1958年至1962年改造资产阶级分子工作纲要（草稿）》和《1958年至1962年改造民主党派工作纲要（草稿）》两个纲要，强调民主党派、工商业者和知识分子要实现由资本主义立场到社会主义立场的根本转变。但是纲要对改造任务制定了硬性指标，提出5年内争取民主党派中的左派加上中左分子要达到70%至80%，目标定得过高过急，方法十分不妥。

1959年庐山会议以后，共产党在对待党外人士和民主党派的关系上采取了比较慎重和稳妥的方针，毛泽东明确宣布在党外人士中不搞运动。李维汉创造性地提出用神仙会的方式对民主党派、工商界和知识界进行形势教育和思想教育。神仙会的基本特征是"三自"和"三不"。"三自"是指自己提出问题、自己分析问题、自己解决问题，"三不"即不打棍子、不戴帽子、不抓辫子；用"三不"保证"三自"，用"三自"来达到敞开思想、讲心里话、实事求是、以理服人的目的。经过在全国范围内层层召开神仙会，提高了党外人士的思想认识，缓和了共产党同工商界、知识界和民主党派的紧张关系，稳定了局势。

《前进论坛》是由农工民主党中央主办的综合性政治刊物，其前身为《前进》杂志，创刊于1961年4月，伴随着农工民主党的发展而不断进步。三年困难时期，杂志陷入了纸张短缺的困境，为此申请停刊。邓小平得知这一情况后，十分重视，特别强调说："民主党派的刊物能用多少纸啊，其他的刊物可以停，民主党派的刊物绝不能停。"

20世纪60年代，共产党与民主党派之间的关系得到改善，民主党派的参政与监督功能部分得到恢复。但严正的思想被庸俗的政治需要神化了。不久，在愈益"左"倾的思路下，民主党派的能动作用重新退化。

从反右斗争扩大化到"文化大革命"，已经发展成为一部分社会主义劳动者和爱国者的民主党派，被武断地宣布为"过去和现在都是资产阶级政党"；已经成为工人阶级一部分的广大知识分子，又被重新戴上了"资产阶级知识分子"的帽子。

民主党派从此进入了一个充满苦辣辛酸的彷徨期。由于一系列错误的路线和政治运动，他们由最初的被尊重被重用变为了后来的被冷落被排挤，陷入了深深的无奈，对国家的前途和政策开始产生怀疑。其实这种怀疑不仅存在于民主党派，也存在于其他党外人士甚至共产党的部分干部中。

民主党派与共产党联盟的动因，源自他们最初从共产党的政治主张和共产党领导人的人格魅力及思想中获得感召和鼓舞。民主党派的彷徨情绪，反映其自身的历史局限性和政治思想的不成熟，对共产党党性缺乏更为深刻的理解与认知。

1966年5月，中共中央政治局扩大会议通过了由毛泽东制定的中共中央通知（即《五一六通知》）。1966年7、8月间，中共八届十一中全会召开，发表了《中共中央关于无产阶级文化大革命的决定》（即《十六条》）。由此为起点，"文化大革命"在全国范围内全面发动起来。随之而来的巨大变化是，党内民主和党际关系都遭到严重破坏，民主党派在国家政治生活中的地位和作用明显下降，民主党派、多党合作、政治协商等名词很少被提及，统一战线被摧残得七零八落、奄奄一息。

1966年8月，在中共八届十一中全会上，陈伯达、江青和中央文革小组的其他成员首先向中央统战部发难。他们全盘否定新中国成立以来统一战线工作的巨大成绩，诬蔑全国统战、民族、宗教工作部门执行了"投降主义"、"修正主义"路线，是"牛鬼蛇神的庇护所"、"资本主义的复辟部",并将统战部同所谓"资产阶级司令部"联系起来,为他们蓄意破坏统一战线、摧残统战部门制造借口。随后,统战干部被攻击为"资产阶级的代理人"、"资产阶级的孝子贤孙"和"反革命修正主义分子",遭到了残酷的打击和迫害。中共中央统战部部长徐冰被揪斗,后被关押,1972年在狱中含冤死去。各地的统战干部有的被关押、劳改,有的被迫害致死。

林彪、"四人帮"为政治私利,对民主党派肆意贬斥,诬蔑各民主党派是"反动党团"、"反革命组织",民革是"国民党的残渣余孽",民盟是"右派团体",民建和工商联是"反动资本家组织",台盟是"特务组织"、"里通外国"等。

1966年8月23日夜至24日晨,《十六条》公布后第十天,一些北京红卫兵发出致各民主党派的《最后通牒》,限令各民主党派在72小时之内自行解散并登报声明。从8月25日起,北京各民主党派中央机关纷纷贴出《通告》,以大体相同的语言表示"坚决接受红卫兵的意见,自即日起停止办公,报请党中央处理"。

在红卫兵的冲击下,各民主党派被迫停止活动,民主党派在京中央委员、候补中央委员约有100人先后被批斗或抄家,占总数的36.5%,其中,民革31人,民盟36人,民进8人,农工党8人,九三学社15人。

民革中央主席何香凝与廖承志母子同在北京城,"文化大革命"中却相隔两年多的岁月无法相见,使老人时时为儿子担心。

北京的这股红色风暴很快就刮到了全国各地。时任中共中央统战部副部长的金城说:"大批民主党派负责人、无党派爱国人士、工商业者上层代表人物以及少数民族、宗教、华侨的头面人物,非党高级知识分子被抄家、被揪斗。红卫兵中的一些不良分子趁机打家劫舍,令人发指的残忍行为到处出现。恐怖气氛笼罩着各大城市。"

1966年8月30日,在"人大、政协不要了"、"政治岂能协商"的压力下,政协全国委员会机关被迫暂停办公。此后,各级政协组织普遍受到冲击,人民政协机构被戴上"投降主义"、"修正主义"的帽子,被诬蔑为"牛鬼蛇神的黑窝子"。

1966年8月30日晨,无党派民主人士、86岁高龄的章士钊上书毛泽东,恳求"在可能范围内稍微转圜一下"。毛泽东指示"送总理酌处,应当予以保护"。第二天,周恩来在接到毛泽东的批示及章士钊的信后,当即部署了保护措施:把抄走的东西全部送还章士钊;派警卫部队到章士钊家负责保卫,劝阻红卫兵不再抄家;秘密地将章士钊送到解放军301医院,以保护其人身安全。

随后,周恩来立即拟定了一份"应予保护的干部名单",开列了宋庆龄、郭沫若、章士钊、程潜、何香凝、李宗仁、张治中、邵力子、蒋光鼐、蔡廷锴、沙千里等一大批名单,亲自拟定保护范围、原则和具体方法,还规定了六类干部为保护对象,其中第五类即"各民主党派负责人"。周恩来说,各民主党派领导人不能随意批斗,他们包括各党派的中央委员、各省市党部委员,就是一般干部也要区别对待,不能按共产党的标准要求。他在会上反复强调,千万不能随意批斗民主人士。

1966年9月2日,周恩来起草《有关红卫兵的几点意见(未定稿)》,对红卫兵提出十条要求,其中一条是:"对于在国家统一战线中具有合法地位的民主人士和对于有贡献的科学家和科学技术人员,只要没有发现现行反革命活动,应该加以保护。"因遭到康生等人反对,文件没有通过。10月3日,周恩来在中南海礼堂对来京观礼的全国红卫兵代表讲话中,批评了红卫兵打砸

第六章 挫折与停滞

南京孙中山铜像和给宋庆龄贴大字报等错误行动。谈到有人提出要关政协和民主党派的门、不要政协、不要民主党派时,周恩来明确说"政协还是要的","毛主席还是政协名誉主席,我还是主席哪!"

1966年国庆节,毛泽东在天安门城楼上对李宗仁说:"红卫兵把全国政协、民主党派封了。但政协还是要的,民主党派还是要的。"以后毛泽东又多次重申这一意见。

张治中无论在反右运动还是在"文化大革命"中都敢于直言。1967年国庆时,他的身体已很虚弱,仍坚持出席国庆大会,由警卫员用手推车送上天安门城楼。张治中见到毛泽东后直言不讳:"您的步子走得太快,我们跟不上!现在被打倒的干部不止百分之五吧?!"这是张治中对毛泽东提出的委婉批评,毛泽东听后竟也无言地接受了他的问询。1969年张治中病重期间,毛泽东派

1958年9月,张治中随同毛泽东视察大江南北,图为在"长江轮"上。

人送去了东北最好的人参，让他补养身体，并没有因为一时的"话不投机"而忘怀这位多年的老友。

1968年，毛泽东与周世钊有过一次意味深长的谈话：

毛泽东说，红卫兵抄了你的家，这对不起你，由我负责赔偿，你不要心存芥蒂。湖南的事，你要管，不必负气。你是副省长，又是湖南民盟的负责人。

周世钊说，今天这个局面，民主党派还能起什么作用，连个庙都没有了。

毛泽东说，庙可以修嘛！修庙是积福的事，我出点香火钱。

周世钊说，有庙找不到和尚。

毛泽东说，像胡愈之、杨东莼和你，不都是和尚？

然而，在指导思想出现偏差时，这些正确意见根本无法得到有效贯彻。

1980年11月2日，在公审林彪、江青反革命集团主犯的中华人民共和国最高人民法院特别法庭上，由最高人民检察院检察长兼特别检察厅厅长黄火青宣读的《起诉书》中第5、6两条指控，1968年8月27日，中央文革小组顾问康生和他的妻子曹轶欧指使中共中央组织部负责人郭玉峰，编造了《关于三届人大常委委员政治情况的报告》和《关于四届政协常委委员政治情况的报告》，两个报告都经康生亲笔修改、审定，将115名全国人大常委会委员中的60人和159名全国政协常委会委员中的74人分别诬陷为"叛徒"、"叛徒嫌疑"、"特务"、"特务嫌疑"、"国特"、"反革命修正主义分子"、"走资派"、"三反分子"、"里通外国"等。在这两个"黑名单"中，被列入的民主党派人士有：民革中央副主席张治中，民建中央副主任委员胡子昂，民革中央秘书长梅龚彬，民革中央常委、宣传部长王昆仑，民盟中央副主席史良，民革中央常委唐生智，民盟中央副主席胡愈之，民盟中央常委梁思成，致公党中央主席陈其尤，民革中央常委陈劭先，九三学社中央常委赵九章，九三学社成员茅以升，民建中央副主任委员胡厥文，民盟中央副主席高崇民，民盟中央常委、民盟河北省委主任委员刘清扬，民革中央常委朱蕴山，民建中央常委、民建辽宁省委暨沈阳市委主任委员巩天民，民盟中央副主席楚图南，民盟中央常委、宣传部长萨空了，民建中央副主任委员孙起孟，民进中央副主席车向忱，民建中央秘书长孙晓村，民革中央常委朱学范，民革中央常委刘斐，民建中央委员、民建云南省委主任委员寸树声，民盟中央常委吴鸿宾等。

《起诉书》中指控的林彪、江青反革命集团第 38 条罪行即是对民主党派的迫害，其中指出各民主党派领导人遭到诬陷、迫害的有：民革中央副主席邓宝珊，民盟中央副主席高崇民、吴晗，民建中央副主任委员孙起孟，民进中央副主席车向忱，农工党中

1980 年 11 月 20 日，最高人民法院特别法庭公审林彪、江青反革命集团 10 名主犯。吴茂荪担任特别法庭审判员，王昆仑（右图）在法庭上控诉江青（左图）迫害民主党派成员的罪行。

央主席团委员周谷城，九三学社中央副主席潘菽。各民主党派和全国工商联的中央常委、委员和候补委员大批受到诬陷、迫害。

《起诉书》中所列举的"被迫害致死"的各民主党派负责人是：民革中央常委黄绍竑；民革中央秘书长梅龚彬；民革中央副秘书长楚溪春；民盟中央副主席高崇民；民盟中央常委、民盟河北省委主委刘清扬；民盟中央常委潘光旦；民盟中央委员刘王立明；民建中央常委、民建上海市委副秘书长刘念义；民建中央委员、民建上海市委常委王性尧；民建中央常委、民建浙江省委主委唐巽泽；民进中央常委、民进广州市委主委、民盟中央常委兼民盟广东省委主委许崇清；民进中央委员李平心；民进中央委员、民进中央宣传部副部长陈麟瑞；致公党中央常委、秘书长郑天保；九三学社中央常委王家楫；九三学社中央常委刘锡瑛；九三学社中央委员、九三学社青岛分社主委张玺；台盟福建省支部主委王天强。

中华人民共和国成立以后，各民主党派组织发展较快，到1957年，各民主党派成员总数达到10万人。然而从1957年后至"文化大革命"结束的20余年间，民主党派组织发展基本处于停滞状态，到1979年恢复活动时仅有成员6.5万人，比1956年下降了约3.5万人，共有地方组织272个，其中，省级组织92个，市级组织133个，县级组织47个，基层组织1852个。

"文化大革命"将中国的政治引向"左"的轨道，被搞乱的多党合作很难在"左"倾肆虐的年代重新正常运转。

历史总是在反复中曲折前进。当代中国政党制度走过了跌宕起伏的历程后，共产党恢复了与民主党派的合作关系。

1970年，经周恩来过问，各民主党派中央机关开始联合办公。

1971年8月27日，毛泽东南巡期间在长沙与湖南省军政领导人卜占亚、华国锋谈话中提及民主党派，他说："民主党派还要存在，有的地方说不要了，不要太急了，急不得。"他还说："应该把民主党派的牌子都挂起来。"

1977年12月，中共中央统战部召集各民主党派领导人会议，商谈民主党派恢复活动的问题。

"十年浩劫"是整个中华民族的灾难，共产党人更是首当其冲。

"自以为借助革命加速了自己前进运动的整个民族，会忽然发现自己被拖回到一个早已死灭的时代。"当我们看到马克思的这番话时不禁大吃一惊。是的，当我们自以为在加速奔向革命终点的时候，却不幸地发现正在向革命的起点倒退。

在如此复杂的大气候中，广大民主人士一直没有动摇过对共产党、对社会主义祖国的坚定信念。他们与共产党风雨同舟、患难与共，经受住了和平时期最为严峻的考验。

1958年6月5日，马叙伦应护士柯贵贤请求，走下病床，勉力书就最后一幅字迹，也是他的政治遗嘱："我们只有跟着共产党走，才是正道上行，才有良好的结果，否则根本上就错了。"

许德珩在1963年也曾写道："听毛泽东的话，跟着共产党走，走社会主义道路，高举三面红旗，贡献一切力量。"

1968年8月30日，屈武被以"反革命罪"投入秦城监狱，开始了与世隔绝的囚禁生涯。在这期间，屈武的妻子于芝秀、岳母高仲琳受到牵连，相继去世。1974年9月29日，国庆25周年前夕，周恩来在最后审订参加国宴人员名单时，特意将屈武的名字列入补充名单，屈武得以从牢狱直赴国宴，结束了6年零1个月的囚禁岁月。回到家后屈武对亲属说："我从不后悔选择的政治道路。"

1979年9月14日，北京大学召开会议，宣布为马寅初平反。马老在书面答谢时表示："一样东西平反过来是很不容易的事情，无论是学术问题，还是政治问题，都是这样。这需要有宽阔的胸怀和巨大的力量。中国共产党能有这样大的气魄，这样大的力量，实事求是地为曾经批评错了的人平反，公开改正自己的错误，这在历史上是没有过的，这说明中国共产党是大有希望的。"

在前无古人的事业中，在寻寻觅觅的探索实践中，失误和偏差总与正确和合理相随。大跃进的急躁冒进，平均主义的滞后倒退，三年困难的遍地哀伤，"文化大革命"的人间惨剧……历史总是在每一个回旋处留下无尽的痛楚和沉思。

在"文化大革命"中被迫害而牺牲的共产党人、民主党派人士和一切党外朋友，将铭记在人民心中。

历史告诉人们，作为一个以工人阶级为先锋、以工农联盟为基础、代表中国最广大人民利益的政党，出现错误必然是暂时的，最终会回到人民需要的道路上来。

中国共产党不回避痛心的失误。

第七章 拨乱与重启

1979年《中共中央批转〈中央组织部、统战部关于在国务院各部委和地方各级人民政府中安排党外人士担任领导职务的请示报告〉》强调把符合条件的党外人士选拔到领导岗位上来,指出:"国务院各部委,除少数不宜安排党外人士的单位外,凡有条件和对象的单位,一般应考虑安排一些党外人士担任副部长,副司、局长。条件合适的也可担任正职。地方各级人民政府,应选拔一些党外人士担任领导职务。各省、市、自治区以及省辖市,凡有条件和对象的,应选拔一两名党外人士担任副省长、副市长、副主席;厅、局长中也要安排一些条件合适的党外人士。凡有条件的县,也应安排非党干部担任副县长。"

中共中央规定:"凡是中共党员与非中共党员合作不好,首先是中共党员负责,不管你有理无理。"邓小平指出:"党与非党干部的合作问题,就是百分之二十与百分之八十的合作问题。"

1980年10月,上海著名律师韩学章、张中受命参与审判林彪、江青反革命集团。在这次举世瞩目的历史事件中,两位律师为维护中国法制的健全和法律的公正,毅然抛开个人情感,义不容辞地担当时代赋予的重任,在世人面前树立起中国律师的良好形象,对当时正在恢复中的中国律师制度起到了重要的推动作用。这两位律师都是民盟成员。

□ 万水朝东

一百多年前,恩格斯对他的俄国朋友说:"没有哪一次巨大的历史灾难不是以历史的巨大进步为补偿的。"

中国古代也有类似的说法:"殷忧启圣,多难兴邦。"

1976年,大自然地震的震源在河北唐山。

1976年,政治大地震的震源在北京天安门。清明节播下的愤怒的种子在金秋十月得到收获,中共中央一举粉碎"四人帮",结束了"十年浩劫"。

"十年浩劫",做法之荒唐、损失之巨大,震撼了许多人的心灵;而从70年代末起步的改革开放事业成效之显著同样震惊了整个世界。

历史没有晚点,终于遂了人民的意愿。

1976年10月,天安门广场举行庆贺粉碎"四人帮"集会。

第七章　拨乱与重启

　　这是一个思想解放、改革初兴的年代，是一个对历史充满反思、对现实充满批判、对未来充满憧憬的新启蒙时代。曲折的步履，不忍回视的真实，都使人们格外慎重地前行。

　　变动的时代，常有这样显著的现象：对自我及他人的认同疑惑；思想解放且多有惊人之语。

　　符合客观规律的伟大实践，必然伴随着思想理论上的深邃思索。

　　历史造就了邓小平这位思想巨人。当他又一次走出自己的政治低谷后，果断地实行了工作重心的战略转移；率领各族人民实行改革开放，坚持以经济建设为中心，坚持四项基本原则，开始了建设有中国特色社会主义的伟大探索。他的关于真理和道路的思索，突破了固有模式和游戏规则，同寻常百姓们不谋而合。他

1979年6月，邓小平在全国政协五届二次会议上致《新时期的统一战线和人民政协的任务》的开幕词，这是新时期统一战线的纲领性文献。

制定了符合社会发展和国家利益的方针政策,创立了建设中国特色社会主义的理论。

作为改革开放的总设计师,邓小平对中国国情了如指掌,对世界大势洞若观火。西方理论界评述中国改革之难,就如同在一枚硬币上让一艘航空母舰进行180度的转向。然而,邓小平创造了这个奇迹。他站在一个世纪以来中国巨人的肩上,以超出历史的远见和无比的魄力,坚持走中国自己的路,并经受住了历史的考验。

邓小平告诫全党:必须发扬和保证党内民主和人民民主,"没有民主就没有社会主义,就没有社会主义现代化"。

邓小平反复强调:我们的各种具体经济制度和政治制度,都要有步骤地进行改革。改革是第二次革命,它的总方向是解放生产力,发展生产力。

邓小平的一系列重要讲话,实事求是,抓住了要害,从根本上冲破了持续多年的压抑气氛,使中国大地上被扭曲的社会生活豁然开朗。

中国国力下降的历史再次终结,波澜壮阔的改革开放伟大征程开始了。挣脱个人崇拜的精神枷锁,开展真理标准问题讨论,恢复了实事求是的思想路线;从"以阶级斗争为纲"转到以社会主义现代化建设为全党的工作重心;结束封闭半封闭的状态,同国际社会经济接轨;实行由计划经济体制向社会主义市场经济体制转变;逐步调整工农和城乡关系,打破农村只能搞农业、农民只能务农的传统;调整国家、集体、个人三者的关系,重视人的全面发展……

历史转了一个圈,仿佛又回到解放初期那个红红火火的年代。不过,伴随改革开放所展示的这一切,要比难忘的过去扎实得多,成熟得多,也辉煌得多。

历史开始加速前进，带来了新时期政治与社会的转型，带来了中国共产党领导的多党合作与政治协商制度的重启，以及民主党派共存与监督角色的恢复。

邓小平对多党合作开创性地提出了一系列具有突破性的思想、理论和观点，制定了许多易于操作的政策措施。

在新时期政党关系问题上，邓小平丰富和发展了"共产党要接受监督"的一贯思想，十分注意充分发挥多党合作和政治协商制度不可替代的特殊作用。他提出多党合作和政治协商制度是我国政治制度的组成部分，是我国具体历史条件和现实条件所决定的，不同于苏联等国的一党制，也不同于欧美资本主义国家的多党制，是中国政治制度的特点和优点。这一论断为从我国政治体制改革、推进社会主义民主政治建设的角度来思考和谋划多党合作和政治协商制度，提供了理论基础。

邓小平指出，在新的历史条件下，民主党派不再是代表民族资产阶级、小资产阶级及其知识分子的阶级联盟，而是各自所联系的一部分社会主义劳动者和一部分拥护社会主义的爱国者的政治联盟，从根本上改变了此前对民主党派性质和地位的看法，为多党合作其他方面的拨乱反正奠定了思想基础。

1977年8月，中共十一大开始恢复对统一战线的提法。

1977年10月15日，中共中央批转中央统战部《关于爱国民主党派问题的请示报告》，报告重申中国共产党对民主党派的方针是"长期共存，互相监督"，提出推动民主党派组织的整顿、恢复与健全，认为关于几个以知识分子为主的党派进行合并的提议并不为宜。这是民主党派地位恢复的先声。

自1977年10月起，各省、自治区、直辖市人民政协相继召开新一届政治协商会议，各民主党派的省级组织相继恢复，并参加了新一届政治协商会议。各民主党派一部分省辖市、大城市的区级地方组织以及基层组织也逐渐恢复。

1977年12月，全国政协四届七次会议号召各民主党派活跃地开展工作，各民主党派迅速开始了组织的重建。

1977年冬，各民主党派中央陆续成立了临时领导机构。民革中央的领导小组由朱蕴山、王昆仑、陈此生、朱学范、刘斐、屈武、甘祠森、吴茂荪组成，朱蕴山为第一负责人，王昆仑、陈此生为第二、第三负责人。民盟中央临时领导小组由史良、胡愈之、邓初民、楚图南、萨空了、李文宜组成，史良为第一负责人，胡愈之为第二负责人。民建中央临时领导小组由胡厥文、胡子昂、孙起孟、郭棣活、孙晓村组成，胡厥文为负责人。民进中央临时领导小组由周建人、叶圣陶、杨东莼、徐伯昕、赵朴初、葛志成组成。农工党中央临时领导小组由季方、严信民、徐彬如组成。致公党中央暂时由黄鼎臣、伍觉天、伍禅、王廷俊负责。九三学社中央临时领导小组由许德珩、周培源、潘菽、茅以升、严济慈、孙承佩组成。台盟总部临时领导小组由蔡啸、李纯青、田富达、徐萌山组成。

1978年2月，全国政协五届一次会议在北京举行。这一届政协委员由上届的1199人增加到1988人，其中代表各民主党派参加的委员共245人，占13%。

1978年3月9日发布的《中国人民政治协商会议章程》，对于新时期的民主党派地位恢复具有重要意义。此后，政协作为民主党派参政议政的主要平台，既保持了自身协商特色，又在一定范围内走上制度化、程序化和法律化轨道。

1978年12月，中共十一届三中全会召开，标志着历史新时期的开端。它以改革开放为旗帜，为中国的政治、经济、思想、文化的复苏、繁荣与发展提供了强大的精神和政策动力，唤醒和释放了中国人民的创造力与激情，为走向幸福生活呈现了看得见、摸得着的希望。在这种希望的激励下，高山可倾，大海可平。对于多党合作事业而言，这无异于是一声惊蛰的春雷。

1979年4月，中共中央统战部向中共中央提出关于爱国民主党派工作中几个问题的请示报告，提出要充分调动民主党派参与社会主义现代化建设的积极性，吸收其中的代表人物参与国家大政方针的协商，并认为应当恢复民主党派地方组织和基层组织。

1979年6月，全国政协五届二次会议在北京召开，政协主席邓小平明确指出："我国各民主党派在民主革命中有过光荣的历史，在社会主义改造中也作了重要的贡献。这些都是中国人民所不会忘记的。现在它们都已经成为各自所联系的一部分社会主义劳动者和拥护社会主义的爱国者的政治联盟，都是在中国共产党领导下为社会主义服务的政治力量。"

1979年10月11日至22日，"文化大革命"结束后八个民主党派的首次全国代表大会相继在北京举行，即中国国民党革命委员会第五届全国代表大会、中国民主同盟第四次全国代表大会、中国民主建国会第三次全国代表大会、中国民主促进会第四次全国代表大会、中国农工民主党第八次全国代表大会、中国致公党第七次全国代表大会、九三学社第三届全国社员代表大会、台湾民主自治同盟第二次全盟代表大会。

本着实事求是、有错必纠的方针，各级政府拿出10多亿元用于落实各项政策，平反了大量冤假错案。压在广大知识分子头上的"资产阶级知识分子"的帽子被摘掉了，他们成为社会主义劳动者、中国工人阶级的一部分。他们尽心竭力、无私奉献，受到全社会的尊重。

1979年1月7日，是个普普通通的日子。深冬的北京像往年一样寒风冽冽，瑞雪融融。不过对民主党派和工商联来说，这一天却非同寻常。

原工商界的胡厥文、胡子昂、荣毅仁、周叔弢、古耕虞5位工商联知名人士，应邀来到邓小平住地，共同商讨改革开放的宏图伟业。

邓小平向大家介绍了20天前召开的中共十一届三中全会决定将全党的工作重心转移到经济建设轨道上来的情况。邓小平提出，中国要开放，要吸引外资，希望大家能开诚布公地提出看法和意见。

当时刚刚开始拨乱反正，大家虽然有许多话要对邓小平说，但最关心的还是摘掉"资本家"帽子的问题。

邓小平说："原工商业者早已不拿定息了，资本家的帽子为什么不摘掉？原工商业者中有真才实学的人，应该把他们找出来，使用起来。能干的人就当干部，有的人可以搞一两个工厂。"

邓小平希望荣毅仁能主持某一方面的工作，或搞点什么别的。他当场果断地拍板说："要规定一条，给你的任务你认为合理的就接受，不合理的就拒绝，由你全权负责处理。要用经济的方法管理经济，完全排除行政干扰。"

古人云：人生乐在相知心。邓小平的一席话犹如春风，使五位老人胸中压抑多年的活力，突然迸发出来。他们预感到，新中国的改革开放事业必将给民主党派、无党派人士和广大工商业者创造一个充分施展才华的难得机遇。

荣毅仁，前国家副主席，1916年出生。这位出身纺织世家、熟谙商品经济规律、具有良好国际信誉的大老板，五六十年代曾受到过毛泽东和周恩来的多次赞扬。到了改革开放年代，在邓小平支持下，他重振雄风，再次成为轰动世界的风云人物。与邓小平谈话半年之后，荣毅仁创办了中国国际信托投资公司。这家企业从50万元起家，从机构到管理采用全新模式，一跃发展成为国际化、综合性、多功能的大型现代化企业集团。

历史又一次展示了螺旋式上升的发展规律。民主党派的地位经过长期摇摆，在1978年改革开放以后逐渐走向稳定。民主党派由恢复期进入发展期。共产党对民主党派的认知从拨乱反正到逐渐深化，党际关系逐渐稳定、逐渐制度化，中国民主政治建设在发展。

各民主党派成员和无党派人士欢欣鼓舞，焕发出了蓬勃的生机和高昂的热情，多党合作和政治协商制度所具有的优越性再次逐步展示出来。

中共十一届三中全会以后，各民主党派以经济建设为中心，开展多种形式的为四化服务活动。

积投协助政府安置待业青年。1979年，民建联合工商联，发挥成员优势，采取自办、协办的方式，积极协助街道、工厂、机关、团体、学校等兴办多种形式的集体企业，拓宽就业渠道。北京市民建协助前门地区街道兴办的"大碗茶"街道企业，后来发展成工贸一体的企业集团，吸收了大量劳动力。截至1982年年底，各地民建、工商联的6000多名成员，自办集体企业208个，合办133个，协办3003个，合计3344个，共安置待业青年9万多人。

大力开展经济咨询活动。1981年1月，民建中央、全国工商联围绕中共中央调整国民经济的重大决策，提出了建立经济咨询服务中心和工商专业培训中心。到1983年8月，民建的咨询服务机构提供的咨询服务15000余项，创造经济效益达12亿元。民盟各级组织建立咨询服务机构159个，完成项目2000多项。农工党各级组织建立咨询服务机构227个，完成项目2102项。九三学社建立科技咨询服务机构115个，完成项目6063项。

1986年,九三学社中央常委王淦昌(右一)、九三学社社员陈芳允(左一)与王大珩、杨嘉墀四位科学家提出"关于跟踪世界战略性高技术发展"的建议,引发了我国"863计划"的确定。

九三学社中央常委王淦昌,是著名的实验原子核物理专家,先后多次为中国科技发展提出重要建议。1986年3月,他和三位老科学家针对美国的"战略防御"计划和西欧的"尤里卡"计划,提出我国要"以力所能及的资金和人力,跟踪世界战略性高技术发展的进程"的建议,中共中央和国务院十分重视,经全面论证,确定了高技术研究发展计划,即著名的"863计划"。

开展智力支边扶贫。1983年2月,由中共中央统战部和国家民族事务工作委员会牵线搭桥,民革、民盟、民进、农工党、九三学社中央的领导同志和内蒙古、甘肃、新疆、云南、贵州、吉林、宁夏、黑龙江、辽宁等十个边疆少数民族省区的负责人在北京聚会,共商支边扶贫问题。据统计,在此后5年左右时间内,民革开展支边扶贫项目600多项,有3000多位党员参加;民盟共派出盟内专家学者4000多人次,完成项目2500余项;民进有2470人次参加支边扶贫工作;农工党、九三学社的支边扶贫工作

1993年9月,李沛瑶、胡敏、朱培康等民革中央领导赴贵州、云南两省考察智力支边扶贫和边境贸易情况。图为参观贵州毕节地区发电厂。

也顺利进行。民主党派成员中的许多专家学者不顾年迈体弱,深入贫困地区调查研究、蹲点试验、示范推广,在非常艰苦的工作条件下,用自己的才智技艺,全心全意地帮助老、少、边、穷、山区人民脱贫致富,取得了令人惊喜的成果,涌现出了许多感人事迹。

各民主党派都有着同台、港、澳和海外人士联系比较广泛的优势,从而为引进资金、技术和人才,为四化建设服务提供了有利条件。尤其是以归侨、侨眷为主要成员的致公党,中央和一些地方组织邀请海外专家、学者回来讲学、办班,传授先进技术和培训人才,引进资金兴办实业,促成外贸交易。1983年至1988年的5年中引进资金和成交外贸总额分别达8.7亿美元和3.5亿元人民币,介绍劳务输出370多人次,邀请专家、学者来华讲学324人次。台盟仅1984年就接待台湾人士一百余批,促成两岸贸易总额超过 5009 万美元。民盟引进外资计 4 亿美元、1.5 亿港元、3 亿人民币，引进各类人才百余人。民建引进项目 504 项，总金额约 21 亿美元，涉及美、英、法等 12 个国家和香港地区。

　　1980 年以来，各民主党派中央和各级地方组织，根据四化建设需要和广大青年学习文化、科技和掌握职业技术的迫切需要，发挥离退休的专家、学者、优秀教师的专长，普遍开展了办学和举办各类讲座、培训班、补习班的工作。截至 1987 年，民革兴办各类学校 262 所，其中高等学校 31 所，累计培养各类人才 150 余万人；民盟办学 616 所，其中大专、中专、补习培训班各占三分之一，累计培养各类人才 36 万人；民建办学 152 所，开办短期职业技术培训班 6542 个；民进办学 268 所，其中大专 6 所、中专 8 所，其余为文化补习和职业培训学校，累计培训人才 40.3 万人；农工党办学 135 所，举办短期训练班 138 个，总计结业 27.5 万余

1996 年农工党中央支持兴办的前进技术培训学校

人；致公党办学 38 所，培养人才 4.6 万人；九三学社办学 268 所，学员 6.7 万人，举办各种函授班、培训班 1691 个，学员 10.7 万人。

各民主党派在推进文化、教育、出版体制的改革，教育、培养青少年和维护教师利益等方面，做出了显著的成绩，受到了社会的尊重和赞誉。1985 年，民盟中央在中共中央征求关于教育体制改革的文件（草案）意见时，提出"教育改革和发展的根本目的在于提高全民素质"的主张被采纳。民进中央针对师范教育存在的不能适应四化建设和新技术革命的需要，优秀的中学毕业生极不愿报考师范院校、师范院校的毕业生不愿当教师等问题，向中共中央书记处提出改革师范教育的建议。在国家颁布《义务教育法》前，民盟中央、民进中央发动各地方组织对《义务教育法》草案进行多次讨论，提出许多修改意见。

多党合作和政治协商制度顺应潮流、与时俱进，在坚持中推进，在借鉴中发展，在发展中完善。多党合作事业由此进入了一段崭新的历程，步入了健康发展的轨道。

1981 年 12 月 21 日至 1982 年 1 月 6 日，第十五次全国统战工作会议在北京召开。

1982 年 1 月 5 日，中央中央领导在中南海怀仁堂会见出席会议的部分同志，胡耀邦发表了长篇讲话。在讲到同民主党派的关系时，他强调，各民主党派同我们党风雨同舟几十年，我们之间的关系不仅要"长期共存，互相监督"，而且要"风雨同舟，鱼水相依"。

会议中间休息，胡耀邦与一位熟悉的记者聊了起来。

记者说："把我们党与各民主党派的关系比作鱼水关系，恰不恰当？"胡耀邦和颜悦色地问："说说看，有啥不恰当？"

记者见胡耀邦虚心听取意见,便毫无保留地说:"我们一直把党和人民军队与人民群众的关系,比作鱼水关系,人民群众好比是水,党和军队好比是鱼,鱼离不开水。而我们党与各民主党派是朋友关系,把朋友关系比为鱼水关系,似乎不太科学。谁是水、谁是鱼呢?"

"好,有道理,有道理!"胡耀邦诚恳地说。会后,新闻稿送到胡耀邦手中,他认真琢磨记者的意见,经过缜密思考、反复推敲,决定把原稿中的"风雨同舟,鱼水相依"改成"肝胆相照,荣辱与共"。

经中共中央研究确定,在具有伟大历史意义的中共十二大上,20世纪50年代确立的共产党与各民主党派之间"长期共存、互相监督"的八字方针,扩展成为"长期共存、互相监督、肝胆相照、荣辱与共"十六字方针。

各民主党派中央领导人应邀出席中共十二大开幕式,在贵宾席就座。王昆仑(前排左一)、史良(前排左二)、胡厥文(前排左三)、许德珩(前排左四)、叶圣陶(前排左六)、周谷城(二排左一)。

这16个字表明民主党派是共产党的挚友、铮友，不同于西方政党那种对立的关系，而是在共同利益一致基础上的团结、和谐与合作。这在苏联共产党的制度设计中找不到，在西方两党制和多党制的文化土壤中也难寻觅。

这16个字体现了中国传统文化对中国现代民主政治的影响，体现了中国传统文化中正确处理和对待其他的或对等的主体力量的一般原则，体现了中国传统文化中追求"和合"、"和谐"和"和为贵"的价值境界。

这16个字是共产党和各民主党派对历史和现实的深刻总结，是我国社会主义时期政党史的鲜明写照，是今后实行多党合作的行动纲领。

这16个字向世人昭示，在社会主义民主旗帜下，中国共产党领导的多党合作和政治协商制度一定会再创辉煌。

这16个字成为中国多党合作的正式口号，被社会媒体频繁使用。各民主党派、无党派人士及社会各界都称赞不已，一位民主党派中央的负责人感慨地说："我每听到、看到'肝胆相照，荣辱与共'这几个字，都禁不住感慨万千！共产党没有忘了我们，没有拿我们当外人啊！"

从此，民主党派的自身建设获得快速的发展：组织成员增加，领导班子新老交替，除了通过政协参政议政外，还直接参加各级人民代表大会和政府机构，与共产党一起管理国家事务。新时期历届全国人大代表中，民主党派人士都占有一定的比例。各级政府也安排相应比例的职位由民主党派人士担任。

1978年《中共中央组织部关于落实党的知识分子政策的几点意见》指出，要提拔符合条件的非中共干部到适当的领导岗位，提高非中共干部的比例。

1981年《中共中央批转〈中央统战部、中央组织部关于在国家机关安排党外人士担任领导职务的情况和今后意见的报告〉》指出:"在我们的国家机关中,应该建立和恢复与党外同志合作共事的好的传统,把他们中符合条件的人选拔到各级领导岗位上来(包括少数条件适当的党外部长、厅长、局长、市长、县长等),共同管理好国家。"这一思想也正式写入了十二大通过的《中国共产党党章》。之后 1983 年又下发了《中共中央办公厅转发中央统战部〈关于在地方机构改革中妥善安排非党干部问题的意见〉》等文件,这些文件的颁发标志着党外干部培养选拔工作逐渐步入正轨。

1981 年 6 月中共十一届六中全会通过了《关于建国以来党的若干历史问题的决议》,在总结"文化大革命"教训时指出:"党要加强同党外人士的合作共事,发挥人民政协的作用,在国家事务的重大问题上同民主党派和无党派人士认真协商,尊重他们和各方面专家的意见。"

1989 年下发《中共中央组织部、中共中央统战部关于选配党外人士担任政府领导职务的通知》,要求逐步扩大非中共干部选配范围,根据可能先在教育、科技、文化、卫生、体育、农林、轻纺、司法等部门的部领导班子中配备,并且对非中共干部的年龄适当放宽,对代表人物要适当照顾。

1990 年下发《最高人民检察院、中央统战部提出聘请民主党派成员和无党派人士担任特约检察员的意见》。

1991 年下发《中央组织部、中央统战部关于推举民主党派成员和无党派人士担任审判、检察机关领导职务的通知》。

1991 年下发《审计署、中央统战部关于聘请民主党派成员和无党派人士担任特约审计员的意见》,聘请符合条件和有专门知识的党外人士担任特约审计员;吸收民主党派成员、无党派人士参加重大审计案件调查。

1992年下发《中共中央组织部、中共中央统战部发出〈关于加强和改善各级人民政府及司法机关中党同党外人士合作共事的意见〉的通知》。

1995年下发《中共中央组织部、中共中央统战部印发〈关于进一步做好培养选拔党外干部担任政府和司法机关领导职务工作的意见〉的通知》，推举民主党派成员和无党派人士担任审判、检察机关等司法机关的领导职务。

民主党派成员、无党派人士任职逐渐从中央到地方、由局部到全方位发展。

1981年5月18日，时任中共中央总书记的胡耀邦作出一个批示，指出对涉及党外人士历史材料的披露和引用应慎重对待："长期同我们党合作共事的人，去世之后，我们的同志在撰写论文或革命回忆录时，可不可以写他们历史上的污点，要特别慎重，一般不许写，不许议论了。因为这些人（不管是脱了党或为国民党做过事）毕竟同我们合作了，革命了，善终了，我们就不应该再纠缠这些历史问题，否则会招致人们议论我们不够朋友。至于将来写历史，凡属重大的历史人物和事件，当然要叙述史实，但也只是公公正正地叙述史实，而不必夹杂一些不重要的东西，而且要由党中央审定，不能由个人发议论和下结论。"胡耀邦郑重指出："这是一件关系我党政治声誉的大事，决不可掉以轻心。"

胡耀邦的批示，反映了共产党对合作共事的党外朋友的尊敬和爱护。

数十年来，尽管出现过这样或那样的波折与失误，但从全局看，共产党实行多党合作的诚意尽人皆知。

因为看到了这一点，客居国外的国民党要员，晚年叶落归根，享受天伦之乐和祖国大家庭的温暖。

因为看到了这一点，驰名世界的大企业家、大科学家，或慷慨解囊，或献计献策，积极支援祖国四化建设。

因为看到了这一点，众多的海外游子不辞辛劳、四处奔波，宣传"一国两制"的伟大构思，竭力促成祖国统一大业早日实现。

由于传统文化和人们思想观念的滞后性，一种政治制度的健全并不像经济发展那样可以突飞猛进，更不像科技成果那样能够引进消化。中国如此，世界多数国家也是如此。

当今国际推崇西方发达国家政党制度的可谓不乏其人。但认真回想两百多年来，还没有哪个国家脱离本国实际，去抄袭别人的政党制度。

历史已经而且将继续表明，中国有中国的国情，也有自己的特色。

考虑一切问题，实行任何改革，都不能忘记这一点。

第八章 继承与创新

1990年12月,日本著名社会学家中根千枝教授和乔健教授在东京主持召开"东亚社会研究国际研讨会",为费孝通80华诞贺寿。费孝通发表演讲,总结了"各美其美,美人之美,美美与共,天下大同"的十六字箴言,表达了他对不同文明的价值共享和人类社会新秩序构建的期许。"各美其美"是指各个民族都有自己的价值标准,能相互容忍是一大进步;在民族间频繁的平等往来之后,开始发现别的民族觉得美的东西自己也觉得美,这便是"美人之美";"美美与共",就是不仅能容忍而且能赞赏不同的价值标准,如此离人类建立共同的价值就不会太远了,即"天下大同"。

20世纪60年代初,曾有人问戴高乐,法国为什么在西方世界第一个正式承认中国,这位将军回答:"因为她如此之大,如此古老而又经历如此多的磨难。"

20世纪80年代,尼克松在评论中美关系时说:"半个世纪以来,无论是外来侵略者还是外来思想,都没能永久地征服中国,而是被它所吸收、消化。"

似涓涓细流汇入百川，如万条江河奔向大海，改革开放是亘古未有的伟大壮举，它需要胆识与魄力，更需要调动起浩浩荡荡的千军万马。

中共十一届三中全会以后，随着改革开放和现代化建设进程的推进，中国社会结构发生了显著的分化与组合，一些新的社会阶层逐渐形成，各阶层之间的社会、经济、生活方式及利益认同的差异日趋明晰，人们的就业方式、活动方式、思维方式、价值观念日益多样化、自主化，差异性明显增强。民主党派在协调关系、化解矛盾、凝聚力量、维护稳定方面承担的任务愈加繁重和突出，多党合作在中国政治生活中的地位越来越重要。

从1979年年初到1986年年底，中共中央主要领导人与民主党派和无党派人士各种形式的政治协商就有33次，超出"文化大革命"前17年的总和。中国的民主政治建设出现了可喜的局面。

中华人民共和国成立后很长一段时期，由于种种历史原因，没能把国家政治社会民主加以制度化、法律化，或者虽然建立了制度、制定了法律，却缺少应有的权威。

与中华人民共和国同步诞生并一度发挥重大作用的多党合作和政治协商制度，在相当长的时间内，没有被自觉地作为"制度"进行建设，以为这一民主政治制度建立起来就能自动发挥作用，以致于普通民众很难亲身感受到它的优越性。

1989年1月2日，邓小平在民主党派负责人所提的一份建议

第八章　继承与创新

1988年4月8日,"两会"期间,八个民主党派领导人在北京人民大会堂联合举行中外记者招待会,回答了中外记者提出的关于多党合作和民主党派的地位、作用等问题。

上批示:"可组织一个专门小组(成员要有民主党派的),专门拟定民主党派成员参政和履行监督职责的方案,并在一年内完成,明年开始实行。"

正当我国多党合作事业健康稳步发展、多党合作和政治协商制度化建设着力推进的时候,国际国内相继发生了一系列政治风波。

在国外,1989年年底至1991年8月,苏联和东欧的一些社会主义国家纷纷实行多党制,出现共产党失去执政地位的重大事件,世界社会主义运动遭受严重挫折。西方敌对势力弹冠庆贺、欢呼雀跃,预言共产党领导的社会主义制度在20世纪产生,同时也会在20世纪灭亡,资本主义制度将在1999年"不战而胜",资本主义的价值观念和意识形态终将成为人类社会"历史的终结"。西方敌对势力从苏东剧变中深受启发,认为要演变社会主义国家制度,政治制度特别是政党制度是一个重要突破口,只要实现两党制、多党制，共产党的领导体制迟早会改弦更张。

在国内，改革开放进入第 11 个年头，经济建设取得快速发展，政治体制改革正按计划稳步推进。改革开放大大开阔了国人的眼界，人们的思想日益活跃；同时随着国门的打开，西方的民主、自由、平等、人权等观念在社会上也相继传播，一些人对西方的政治制度、民主观念十分青睐，对中国特色社会主义表示怀疑；有些人诬蔑共产党搞一党专政，要求取消共产党的领导，主张实行两党制、多党竞争制；也有人提出将现有的八个民主党派联合起来组成一个政党，同共产党竞争，轮流执政；还有人准备组建各种政党组织和政治团体。

在复杂的国际国内形势相互作用下，1989 年春夏之交北京发生了政治风波。尽管这场政治风波很快平息，但人们所关心的一些重大理论和现实问题，需要做出系统回答，有的则需要制定相关政策。

这些问题主要包括：中国为什么要实行共产党领导的多党合作和政治协商制度？以什么样的标准来衡量世界各不相同的政党制度？中国共产党领导的多党合作和政治协商制度有什么特点和优点？它还要不要坚持下去？还能不能坚持下去？如何坚持下去？等等。

中共十三届四中全会后，以江泽民为核心的第三代中央领导集体，深刻总结苏东社会主义国家剧变和我国政治风波的深刻教训，根据 20 世纪 90 年代我国改革开放和现代化建设的根本任务，结合我国政治体制改革的要求，在多党合作问题上，遵照邓小平的嘱托，着手制定多党合作和政治协商的纲领性文件。

在文件起草过程中，中共中央多次同各民主党派中央、无党派人士座谈研讨、征求意见。1989 年 12 月 30 日，江泽民主持座谈会，邀请各民主党派中央、全国工商联的主要领导人就文件内容再次进行协商，形成了一致意见。12月31日，中共中央正式颁发《中共中央关于坚持和完善中国共产党领导的多党合作和政治协商制度的意见》，即著名的中发［1989］14号文件。1990年2月8日《人民日报》全文公布，并发表题为《维护国家的长治久安是中共和各民主党派的神圣职责》的社论。

这个文件凝聚着共产党人、各民主党派人士、无党派人士的共同意志和政治智慧，是新时期共产党同民主党派和无党派人士长期合作的共同行动准则。这个文件的产生，既是建设社会主义民主政治的客观要求，也是对中华人民共和国成立40年来，特别是改革开放10年来多党合作实践经验的概括和总结，标志着共产党领导的多党合作和政治协商走上制度化、规范化的轨道。

这个文件坚持了以邓小平为核心的中共第二代中央领导集体关于多党合作的一系列理论、方针、政策，针对当时人们所关注的和亟待澄清的各种理论和实践问题，创造性地提出了许多新的思想理论。最主要的有：

——自始至终贯穿两条主线：一是加强和改善共产党的领导；二是发扬社会主义民主，充分发挥民主党派的作用。

——明确了共产党领导的多党合作和政治协商制度的基本思想和原则。共产党对民主党派的领导是"政治领导"，即"政治原则、政治方向和重大方针政策的领导"，主要通过民主协商的方式来实现。中共各级党委都要进一步加强对民主党派的领导，进一步加强和发展同民主党派的合作，支持民主党派充分发挥积极作用。共产党不包办民主党派内部事务。

——提出了坚持和完善共产党领导的多党合作和政治协商制度的重大政策措施。要求进一步发挥民主党派成员、无党派人士在人民代表大会、人民政协中的作用；举荐民主党派成员、无党派人士担任各级政府及司法机关的领导职务。

——第一次提出"民主党派是致力于社会主义事业的参政党"。这是中国民主党派在政党关系、政治体制和政治活动中的一个显著特点。民主党派通过政治协商,在共产党的主张经由法定程序变为国家意志的过程中有自己的声音,"党的主张"不是共产党一党的主张,而是听取民主党派意见建议之后的,以共产党为主、包含民主党派声音的"党的主张"。民主党派参与国家政治生活的另一途径是对共产党领导国家政权实施民主监督。文件对民主党派参政议政和民主监督做出了具体规定。

——第一次明确提出了民主党派参政的基本点。参政的基本点是"一个参加、三个参与",即"参加国家政权,参与国家大政方针和国家领导人选的协商,参与国家事务的管理,参与国家方针政策、法律、法规的制定执行",从理论上把我国民主党派的性质和地位准确地描述出来。在政治学、政党学中通常使用的执政党、反对党、在野党的概念外,明确提出参政党这一概念,突破了以往非执政党即在野党的思维定式,赋予政党功能以新的内涵,丰富和发展了世界政党理论。

——强调了共产党员应同党外人士建立良好的合作共事关系。

多党合作和政治协商制度作为中国特色社会主义建设总体布局中的一个重要部分,在实践中逐渐系统化和全面化,在制度化、规范化轨道上获得了长足的发展,为新时期的改革发展稳定大局提供了有力的政治保障。

中国文化宣扬人性的美好、合作的意愿,中国传统政治文明理念"尚中庸、喜和谐、重合作",绵延几千年,影响无数代。

多党合作和政治协商制度的文化基因是集体主义,集体主义的文化基因正是合作。

多党合作说到底就是人与人的合作。

从1978年年末至1993年，中共中央主要领导人直接同各民主党派、工商联负责人和无党派人士进行的协商、座谈有150余次。这种遇有重大问题及时同各民主党派协商讨论的做法，已成为我国实行社会主义民主的一项不可或缺的重要程序。

1989年6月24日，中共十三届四中全会选出了中共第三代领导集体，江泽民当选为党的总书记。

仅仅四天之后，江泽民就将各民主党派中央的负责人请进中南海。江泽民谈完时局之后说，他担任党的总书记这个职务，觉得任务重大。他用了诸葛亮的话，危难之际，担任党的总书记，要全心全意，要不避开困难，把工作搞好。

各民主党派中央的负责人都对江泽民担任中共中央总书记表示拥护。大家都表示，江泽民讲得非常恳切，谈到国家建设时很有气魄。当总书记第四天就与民主党派座谈，说明新的领导集体很重视民主党派，很重视统一战线工作。

1989年9月7日，江泽民再次邀请各民主党派中央负责人到中南海谈心。时任台盟中央主席蔡子民回忆说，一见面总书记就宣布，中共同党外联系，应该采取哪几种方式为好，希望大家共同研究；但是不管采取哪几种形式，最重要的是我们要经常谈心。大家对党有什么意见，对政府有什么意见，对社会有什么意见，都可以谈。谈心，就是想谈什么就谈什么。大家有什么意见，随时可以找他，也可以找别的领导同志谈。江泽民问到大家对三峡工程有什么意见时，周培源说过去支持这项工程，现在有不同看法，他解释了态度转变的原因，江泽民马上表示说，周培源同志说的情况他也了解，三峡工程涉及的一些问题的确比较复杂，中央要继续研究。轮到蔡子民发言时，他直言不讳地指出政府工作要多同民主党派通气。蔡子民看到，总书记和在场的其他中共中央领导人都认真地记下了他的意见。

这个谈心会后来变成了中共中央领导人与各民主党派中央、全国工商联负责人的例行座谈会,成为我国民主政治生活中的制度性会议。

1988年11月出任台盟中央主席团主席的蔡子民,9年间105次进中南海,与中共第三代领导人促膝谈心,收获了无比宝贵的友谊。他印象最深的是中共第三代领导集体在多党合作的政治生活中努力培育一种坦诚布公的氛围,一种知无不言、言无不尽的民主风气。

蔡子民说:江总书记非常随和、亲切,又博学又风趣,和党外同志在一起时爱开玩笑。大家发言,他总是记得很认真。"有一次我正在讲台湾问题,总书记插话说,蔡子民同志,你讲慢一点,你的话不如台湾来的客人讲得好啊。他们讲得比你标准。在场人大笑起来。"蔡子民告诉总书记,他是30岁时才开始学的普通话,闽南腔改不过来。

蔡子民说,1997年年初,春节前两三天,总书记请大家到中南海吃年夜饭。当时蔡子民已决定退休,吃饭中途,他拉着张克辉一起走到总书记跟前说:"我准备今年退下,我们的接班人(指台盟中央新领导人)也找好了,希望你同我们照个相。"总书记马上拿着酒杯站起来说:"好好好!"蔡子民表示,这张照片是他9年进出中南海的一个总结,一看到它,就会想到9年里与中共第三代领导人亲密无间的友谊,就会想到为了民族的复兴,中国共产党人与党外人士肩并肩、心贴心的奋斗。

一些习惯于西方价值取向的人,看惯了西方国家政党之间钩心斗角、相互攻讦的种种表现,总是把中国的政党与西方的政党作简单的类比,百思不得其解。为什么中国各政党能够团结一致、亲密合作?是什么力量使中国共产党和各民主党派不是通过竞争而是以协商方式解决重大问题?

种种疑问，早在 50 年代周恩来就做过科学解释。他说，新中国政党体制的格局是历史形成的，是建立在共同理想、根本利益一致的基础之上的。政治协商的精髓是在广泛民主基础上的高度集中，而顺利实现最后表决的关键在于决策前的充分协商和反复论证。

政治协商既能实现大多数人的民主权利，又能尊重少数人的要求和意见，可以避免片面性。

有人把我国人大、政协和民主党派贬为"橡皮图章"，对大会表决往往绝大多数通过感到迷惑不解。殊不知，这正是表决前各种意见深入细致协商、交流的必然结果。

中国共产党与各民主党派政治协商的范围主要是：国家大政方针的制定、重大问题的决策，以及重要的人事安排。

1993 年 3 月 6 日，中共中央邀请各民主党派、工商联负责人和无党派人士，商讨八届全国人大和政协八届全国委员会的人事安排等重大事宜。协商内容包括国家主席、副主席，全国人大常委会委员长、副委员长，全国政协主席、副主席，国务院总理、副总理，国家军委主席、副主席等重要职务的人事安排。

民主党派负责同志说，协商是非常充分的，"名单都被翻烂了"。经过 40 多次协商、座谈、交换意见，八届人大一次会议选举的最终结果是：江泽民当选为国家主席，原全国工商联主席荣毅仁当选为国家副主席；乔石当选为全国人大常委会委员长，在 19 名全国人大常委会副委员长中，民主党派、工商联和无党派人士有 8 名，包括民盟的费孝通、民建的孙起孟、民进的雷洁琼、全国工商联的王光英、无党派人士程思远、农工民主党的卢嘉锡、民革的李沛瑶和九三学社的吴阶平，占总数的 42%。在全国政协八届一次会议上，李瑞环当选为全国政协主席；在 25 名全国政协副主席中，非中共人士有 12 名，占总数的 48%。此外还有一大批民主人士担任了全国人大或全国政协的常委以及国务院有关部委的领导职务。

成思危，曾担任化工部副部长，1996年起担任民建中央主席，1998年起历任九届、十届全国人大常委会副委员长。他对我国的政党制度深有体会："西方的政党制度是'打橄榄球'，一定要把对方压倒。我们的政党制度是'唱大合唱'，民主党派和中国共产党的合作共事是为了一个共同的目标，为了保持社会的和谐。要大合唱，就要有指挥，这个指挥无论从历史还是现实来看，都只有中国共产党才能胜任。"海外有评论说中国的民主党派是"政治花瓶"，成思危说："这不符合实际情况，在担任化工部副部长的时候，我对自己负责范围内的工作是完全有权做出决策的。作为全国人大常委会副委员长，我负责证券法、农村金融的执法检查。我和中共党籍的副委员长一样，也是独当一面的。"

肖善因，历任三届民革中央委员，七届全国以及吉林省、市政协委员。作为普通政协委员，他亲见亲闻民主协商：一是每年全国"两会"，民主协商的氛围十分浓厚。1988年初次与会，他对许多事都感到新鲜。有一次在讨论全国政协常委名单时，有人提出从台湾驾机回国的王锡爵应列为常委预选名单，理由是王表现好，而且他的行动触动了蒋经国先生决心开放老兵返大陆探亲的政策。组内的委员皆鼓掌以示同意，后来获全体通过。二是每年全国"两会"，中共中央领导都要亲临政协尤其是各民主党派小组，与委员面对面交谈，直接听取委员意见，嘘寒问暖，关怀备至。全国政协会议对中外媒体开放，记者想采访谁、采访什么内容都无人干预。

共产党与各民主党派之间的合作协商关系是积极的、双向的，贯穿于事物发展的全过程。这与那种事前争得不可开交、事后等着秋后算账的敌对性相互责难形成鲜明对照。

民主党派和无党派人士对国计民生和社会生活的各种意见和

第八章　继承与创新

1994年11月，民进中央领导人在《光明日报》发表《我们呼吁》一文，要求有关方面在北京王府井改建工程中为新华书店留有相应的位置。中共北京市委致函雷洁琼主席表示衷心感谢。

建议，可以以个人或党派名义在各种会议上反映，也可以用书面或其他方式，通过多种渠道直接提交中共中央或国务院。

　　这些意见和建议虽然不具备法律效力，但一经提出，有关部门必须认真对待，作出相应答复。它对我国大政方针及重大决策的制定，对促进社会上热点、难点问题的解决，具有不可忽视的影响。对民主党派等各方面人士提出的重要意见和建议，中共中央、国务院领导亲自过问，许多做出明确批示。遇有亟待解决的问题，总要提出具体的处理意见；或批转到有关部门研究落实，或吸收到正在制定的政策、法规和重大决策之中。

　　亲切融洽的合作关系，畅通有效的参政议政渠道，使各民主党派在重大决策方面可以发挥重要的协商和监督作用，在制宪立法上也有不容置疑的发言权。

　　九三学社天津主委黄其兴的父亲是云南个旧锡矿的创办人，他本人曾留学法国，是一位硅酸盐专家，在混凝土速凝剂和早强剂方面也有较高的造诣。黄其兴作为全国政协委员，每年都要提出几份有分量的提案。黄其兴说："通过我十年来的提案可以看出，民主党派的提案大部分都有回话，而且都是肯定的。有些还有答复：'您的意见已在某某计划中考虑进去了。'从我的亲身体会说，多党合作并不是空话，不是可有可无的形式，具有深刻的内容。"

1992年，黄其兴提交了一份关于制定《国旗法》的提案，他在提案中写道："国家观念是民族凝聚力之本。国家观念淡薄了，人心散了，比经济问题更可怕，因而要制定一部《国旗法》以增强民族凝聚力。"6月28日，七届全国人大常委会第十四次会议通过了经采纳黄其兴建议制定、关系到全民族国家观念的《中华人民共和国国旗法》。

孙起孟是中国民主建国会的创始人之一，解放后在政府机关、人大、政协都担任过重要职务，曾参与过许多政策、方针和法规的具体制定工作。这位职业政治活动家，积几十年之经验，对中国共产党领导的多党合作的特色颇有见地："这个政治制度确实体现了我国的特点。因为国际上风云变幻，而我们国家处理得较好。我们也没有采用所谓的一党包揽一切这么一种政治制度。西方的议会制度你上台、我下台，互相攻讦，我们没有这样。我们的政治主张、政治纲领、宪法、各种法规都是经过大家事先反复协商过的，因此不发生轮流执政的问题，民主党派成员也参加了各级政府。"

1993年第八届全国人大前夕，时任民建中央主席的孙起孟代表民建致信中共中央，提出：通过此次八届全国人大一次会议对宪法部分内容做出修改，使中共十四大精神，核心是使业已为全国人民所共同拥赞的建设有中国特色社会主义理论、政策，在宪法中得到更好的体现，不仅十分必要，而且是选择了最佳时机。

民建中央郑重建议：把中国共产党领导的多党合作和政治协商制度，明确写入宪法。

1993年3月29日，第八届全国人民代表大会第一次会议通过的《中华人民共和国宪法修正案》的第四条规定，在宪法序言第十自然段末尾增加："中国共产党领导的多党合作和政治协商制度将长期存在和发展。"

从国家根本大法的高度确立多党合作和政治协商制度在国家政治生活和社会生活中的地位，这种制度和法律不因领导人的改变而改变，不因领导人的看法和注意力的改变而改变。这是多党合作史上的又一里程碑，在中国政治发展中有着十分重要的意义。

政党是政治组织。当今世界无论哪个国家，哪种政治制度，各类政党的社会使命都主要表现在政治方面。但是政治这一概念，在不同社会制度，或者同一制度的不同历史时期却有着不同的内涵。

建设中国特色社会主义是中国最大的政治。只有以此为出发点和立足点，来考察、评价民主党派的作用及其关系，才能得出科学的结论。

费孝通曾说，"民盟的责任就是要协助共产党把中国的事情做好"，具体而言就是"出主意，想办法，做好事，做实事"。他用非常质朴的语言把民主党派所肩负的政治责任和历史使命表达得精准、透彻。

1984年，国务院批准了三峡工程可行性研究报告，征求有关部门的意见。

民主党派、无党派人士和工商界中的专家、学者对此十分关注。他们认为，开发长江三峡是关系到数百万群众和中华民族子孙后代切身利益的浩大工程。鉴于整个前期准备工作还欠充分，三峡工程上马要反复论证。

□ 万水朝东

1993年11月，各民主党派中央、全国工商联负责人和无党派人士在三峡考察中参观规划沙盘。前排左起：王兆国、吴阶平、李沛瑶，左五起孙起孟、平杰三、雷洁琼、程思远。

党外人士的意见，引起中共中央和国务院领导的高度重视。他们责成有关部门尽可能地吸收合理的意见和建议，组织有关专家和技术人员对长江三峡的历史和现状，对开发三峡的利弊，继续进行深入细致的考察和论证。

跋山涉水，风餐露宿，一千多个日日夜夜过去了。在掌握大量第一手材料的基础上，新的、多数人比较满意的三峡工程方案，终于在1992年4月七届人大五次会议上获得通过。

虽然至今仍旧有人对三峡工程上马持有这样那样的想法和保留意见，但是了解内情的人几乎都有同感：三峡工程方案的酝酿、产生和通过，表明我国在决策民主化、科学化方面，向前迈进了一大步。

三峡工程正式上马两年后，各民主党派再次来到三峡，对工程进展情况进行了实地考察。考察归来后，时任国务院总理的李鹏在中南海召集非中共人士座谈，听取各方对三峡工程的意见。民主党派纷纷对三峡工程的建设提出建议，并肯定了三峡工程动工前广泛征求各方意见的形式。

1990年4月9日，民盟中央向中共中央提出了将上海建成"大陆香港"、并逐步建立长江三角洲经济开发区的设想。随即，民盟中央就接到了中共中央的通知：4月10日上午9点，江泽民听取费孝通作情况介绍。

费老事后回忆说："这么快就接到通知，是我万万没有想到的，江泽民同志的工作效率令我钦佩。我虽然已是80多岁的老人了，可是还是兴奋得一夜没有睡好觉。4月10日上午，我和民盟中央副主席高天一起到中南海第二会议室汇报。9点整，江泽民同志来了，当时的中共中央统战部部长丁关根、国家计委主任邹家华也来了。从听汇报的阵容可以看出中共中央对此事非常重视。江泽民同志微笑着走过来与我紧紧握手，说'费老，今天主要听您讲。'"

费老十分兴奋，一口气谈了一个多小时。费老的意见主要是：长江三角洲是我国与世界发生联系的一个枢纽地带。在这里建立经济开发区，对于促进以上海为中心的长江三角洲的腾飞，从而带动全国经济的发展具有战略意义。这个开发区以上海为龙头，江、浙为两翼，以长江流域为腹地，通过陇海铁路大动脉与西北原材料基地和三线所蕴藏的技术力量相沟通，加速发展外向型经济。上海应成为全国最大的经济中心，恢复其在东亚应有的地位。

江泽民不时地点头并认真地做着笔记。待费老讲完，江泽民高兴地说，这个设想是好的主意，并用英语重复着 Good idea! Good idea! 顿时，会场的气氛活跃起来。"总书记开绿灯了！"费老风趣地说。

江泽民当即提出希望费老到江苏、浙江、上海等地与地方的同志作意向性探讨。

费老说："我们一定按照总书记的指示，再作进一步的论证。今天中午我和高天副主席就要乘火车南下。"

费老南下江浙沪，和当地的同志反复进行可行性探讨，并于5月15日再次给江泽民写了报告，提出了对上海发展战略的设想和具体建议。

要治理好国家，无疑需要大批德才兼备的人才，人才兴，国家兴。

民主党派素有"人才库"之称，他们有的才思敏捷，是某个领域的权威人士；有的刻苦钻研，为了某项发明，默默耕耘几十年。尤其是各民主党派的领袖人物，几乎都有令人钦佩的非凡经历。在他们身上集中体现了中国知识分子聪颖好学、勤奋上进的典型性格。

人们钦佩他们的智慧与才华，赞叹他们虽遇百折而终生不悔的拳拳报国之心，更忘不了他们在科研、文教及经济建设等各个领域所发挥的不可忽视乃至举足轻重的特殊作用。

国际物理学湍流理论的奠基人、九三学社中央原主席周培源，1945年末应邀留在美国海军军工试验站工作，年薪高达6000多美元（当时35美元就可购买1盎司黄金）。为报效祖国，他带领全家于1947年4月回到清华大学，月薪仅相当于25美元。在新中国成立的第二天，周培源被推举为中国人民保卫和平委员会理事，投身于人类和平事业。作为科学家，他成就卓著、享誉中外；作为政治活动家，他不辞辛劳、忠心耿耿，为恢复中国在国际自然科学组织中的合法地位做出了杰出贡献。无论是稳定时期还是动乱年代，他都对共产党和人民政府直言不讳，提出许多意义重大的中肯批评和建议。

第八章 继承与创新

1966年7月，刘少奇由周培源（左一）陪同会见参加北京科学讨论会的中外科学家。

著名化学家、农工民主党中央原主席卢嘉锡，祖籍台湾省台南市，1915年10月出生于福建省厦门市。卢嘉锡有超常的智力，只念了一年半正规初中就考上了厦门大学预科，当时还不到13岁。从厦门大学化学系毕业时不满19岁。25岁设计了LP因子倒数图，被国际化学界作为最便捷的方法使用了几十年。刚满30岁就应聘到母校厦门大学担任化学系教授兼主任。在旧中国，他婉言谢绝著名学府邀请他到海外供职；新中国成立后，先后在福州大学和北京大学任教。曾当选第三世界科学院副院长，为加强中外科技界的友好交往与合作做了大量工作，为提高我国科技界特别是中国科学院在国际科技界的地位做出了贡献。

著名医学家、九三学社中央原主席吴阶平，江苏常州人，生于1917年，毕业于北京协和医院。通过半个多世纪的潜心探索，使新中国在泌尿外科的许多方面始终处于世界领先水平。吴阶平医术超群，功名卓著，给我国主要领导人看过病，先后四次肩负

257

□ 万水朝东

1989年2月,卢嘉锡一行考察黄骅港港址。

1993年6月,吴阶平(右)考察长江三峡。

重任出国为外国元首治疗疑难杂症。1976年1月7日晚,弥留之际的周恩来身边的医生就是吴阶平。吴阶平对任何患者都是一视同仁、一丝不苟。很少有人知道,这位总替别人安危着想的外科专家,自己也是一个病人。吴阶平早在1939年就摘除了左肾,一直靠右肾支撑,罄尽医生的职责。

著名社会学家、人类学家、民盟中央原主席费孝通,年轻时曾在东吴大学读医学预科。像鲁迅先生一样,旧中国不合理现象的刺激,使他感悟到"治病得先治社会,治社会要先学点社会学原理"的道理,于是毅然放弃学医而转入燕京大学社会学系就读。他不满于脱离中国实际的空洞研究,将"志在富民"作为自己终生追求的目标,认为这是近代以来整个中华民族凝聚力之所在。从1935年开始,深入少数民族地区和贫困落后地区实地考察,持之以恒坚持50余年,写成了数百万字的调查报告和学术论文。曾

在民盟中央的大力支持下,甘肃临夏回族自治州人民经过几年努力,种草种树成绩显著。1986年8月,费孝通(持望远镜者)和有关专家在临夏视察草木生长情况。

获得过英国赫胥黎奖章和国际社会人类学最高奖马林诺斯基奖。外国专家评价说：费老的研究方法，是人类学实地调查和理论工作发展中的一个里程碑。他得出的许多结论，堪称应用社会学和人类学的宪章。

著名教育家、民进中央原主席雷洁琼，广东台山人，生于1905年。1931年她从美国南加州大学留学回国后，便投身教师行列，先后在北京大学、中国政法大学主讲社会学和法律学。1980年，雷洁琼和其他民进中央领导，向中共中央提出了《对中小学和师范教育的建议》。这份改革开放后各民主党派在教育问题上较早提出的建议，为当时拨乱反正、切实改善办学条件、加强中小学教育，发挥了重要作用。她以战略的思考推动着中国教育的法制化进程，先后参与了《义务教育法》、《教师法》、《教育法》等

1991年9月，澳门特别行政区基本法起草委员会咨询团团长雷洁琼、副团长钱伟长（右二）与澳门中华总商会会长马万祺（右一）、澳门特别行政区基本法咨询委员会副主任何厚铧（右四）在何贤铜像前。

国家大法的制定，为新中国教育事业发展和法制完善投入了极大的精力和心血。

我国近代数学的主要奠基人之一、复旦大学校长、民盟中央原副主席、名誉主席苏步青，1902年9月出生在浙江平阳山村，17岁赴日本留学，以第一名的优异成绩考取东京高等工业学校。后考进日本东北帝国大学数学系，获理学博士学位。1931年4月谢绝了亲友和导师的挽留，毅然回国，教书育人。苏步青专长微分几何，创立了世界公认的微分几何学派，是国际公认的几何学权威。70年来，他培养了包括8位两院院士在内的一大批优秀的科学人才。85岁高龄的时候，还亲自为中学教师上课。就任全国政协副主席的10年和全国人大常委的10年间，活跃于统一战线和对外文化交流的舞台上，积极参政议政，为国家建设建言献策，为丰富和完善多党合作和政治协商制度做出了不懈的努力。

中国近代力学、应用数学的奠基人之一、上海大学校长、民盟中央原副主席、名誉主席钱伟长，江苏无锡人。国际上以钱氏命名的力学、应用数学科研成果有"钱伟长方程"、"钱伟长方法"、"钱伟长一般方程"、"圆柱壳的钱伟长方程"等等。1957年被错划成"右派分子"，所有社会职务全被解除；他的研究集体在无形中解体，他的学生有的被"发配"到新疆、甘肃，有的被开除了党籍。政治上受歧视、生活上受冷落，科学研究、写作、教学的权利被剥夺。毛泽东得知后说，钱伟长是个好教师，要保留教授职位。所以钱伟长就成了一名保留教授资格的右派，继续待在清华园里。1972年周恩来亲自点名钱伟长参加科学家代表团访问英国、瑞典、加拿大和美国。当时很多人不相信钱伟长对祖国的忠诚，代表团团长表示不能保证他出国后不逃走，周恩来撤换了这名团长。周恩来派秘书去清华大学请钱伟长的时候，他还在首都钢铁厂劳动，来不及换下劳动服就赶到会议现场。周恩来见状，叫秘书给他换衣服，把自己的鞋子给他穿，才得以出访。"文化大革命"结束，钱伟长平反。1983年邓小平亲自调他至上海工业大学任校长，并写明此任命不受年龄限制。钱伟长说过："我不是党员，不过我还是拿党的事业作为我的终生事业。"他还说过："政治协商都是为了一个共同的目标，目标不一致，投票没有意思。"

在各民主党派、无党派人士中，还有许多令人肃然起敬的姓名：茅以升、王淦昌、邓稼先、刘海粟、潘天寿、吴作人、马连良、侯宝林……历史铭记着他们居功至伟的贡献。

改革开放以来，在中共中央的热情帮助和大力扶持之下，各民主党派组织日益健全，新鲜血液不断充实，呈现出了前所未有的发展势头。令人欣慰的是，民主党派继承和发扬前辈的优良传统，新人辈出，一大批学有专长的人才在社会主义物质文明和精神文明建设中崭露头角，日益为全社会所重视；许多著名民主人士的后代如今成了各民主党派的主要负责人。多党合作和政治协商制度的社会基础更加雄厚。

从1983年至1997年底，在各级政府及司法机关担任领导职务的民主党派成员、无党派人士共1700余人，其中：在国家、国务院有关部门、最高人民法院、最高人民检察院担任领导职务的有30人，包括国家副主席荣毅仁（民建）、国家科委副主任惠永正（无党派）、监察部副部长冯梯云（民建）、劳动部副部长李沛瑶（民革）、化工部副部长成思危（民建）、水利部副部长严克强（无党派）、国家审计署副审计长刘鹤章（民建）、国家统计局副局长贺铿（九三学社）、国家医药管理局副局长张鹤镛（农工党）、最高人民法院副院长端木正（民盟）、最高人民法院副院长罗豪才（致公党）、最高人民检察院副检察长王文元（九三学社)、中国科学院副院长严以塈(无党派)等;在全国26个省、自治区、直辖市担任领导职务的有55人;在各省、自治区、直辖市政府直属厅、局担任领导职务的有114人;在计划单列市担任副市长的有5人,担任市直委、办、局副主任、副局长的有90人;在市(地、州、区)人民政府中担任副市长(副专员、副州长、副区长)的有157人;在县(市、区)人民政府中担任副县长(副市长、副区长)的有1341人。此外,担任各级特约监察员、检察员、审计员、教育督导员的有5300余人。

各民主党派成员中,知识分子占多数,他们大多学有专长,富于创新精神,是社会服务事业的积极倡议者,也是脚踏实地的实干家。他们充分发挥自身优势,以经济建设为中心,就国家政治、经济、文化和社会生活中重大问题和有关区域经济社会发展问题开展调查研究,提出有价值的意见建议,走出了一条参政议政的新路。

1991年,民建中央由各方面专家组成考察组,对长江上游水土情况作实地考察,向中共中央、国务院提出了《关于综合治理长江上游水土流失的建议》,国家计委在复信中认为,这些建议"不但对治理长江上游的水土流失,而且对全国的国土整治都有重要参考价值"。

1993年,民革中央在组织专家深入河北、河南、湖北、江苏、山东、天津、北京等省市实地考察后,向中共中央提出了"南水北调"工程及早上马的建议。

2000年5、6月间,农工党中央领导人率队对西藏、青海、甘肃三省区进行了考察,并向中共中央提出了意见,其中关于加强西藏等边远地区广播影视工作的建议,受到了中共中央领导人的高度重视,当即做出安排部署。

1993年至1998年5年间,各民主党派中央就三峡工程、浦东开发、京九铁路及沿线地区开发、西部大开发、可持续发展等问题，先后组织调研考察活动共 140 多次，提出重要意见建议 160 余项，受到中共中央、国务院的充分肯定；各民主党派地方组织也提出各项建议 2 万多项，其中许多意见和建议被采纳，产生了良好的社会效果。

智力支边、科技扶贫是造福桑梓的伟大工程。

早在 1981 年，各民主党派就把支援少数民族地区、革命老区、贫困落后地区发展经济列为自己参政议政、社会服务的主要任务之一。在深入考察的基础上，各民主党派中央提出上百件重要意见和建议，范围几乎涉及所有老、少、边、穷地区。与此同时，各民主党派还充分发挥出作为人才库的优势，派出得力人才，深入基层蹲点扶贫，具体解决实际问题，全心全意帮助落后地区脱贫致富。在老、少、边、穷地区，经常可以看到他们的身影。

1999 年 1 月，民盟海南省委会在海口市开展法律义务咨询活动。

第八章 继承与创新

90年代中期,民建成员到企业调研。

1984年6月1日,农工党医卫界专家在北京中山公园为儿童义诊。

1988年至1993年间，各民主党派、工商联在贫困地区举办各类培训、讲座6000多次，培训各类人才65万多人；向贫困地区派出专家学者3.6万人次，提供咨询服务项目2.7万多个；协助贫困地区引进资金人民币3.6亿多元、美元4000多万，引进技术700余项，对贫困地区的脱贫与发展产生了积极的作用。民革的"扶羊助学工程"、民盟的"遂盟合作"、九三学社的"九广合作"、致公党的"致泸合作"等，受到各方面的肯定和赞誉。

毕节位于贵州西北的乌蒙山区，岩石裸露、耕地匮乏、土壤贫瘠、水土流失，是当时全省乃至全国最贫困的地区之一。1987年，人均生产总值仅288.9元，农民人均纯收入184元，森林覆盖率仅14.94%，人口自然增长率高达21.29‰，文盲半文盲占青壮年人口的50%以上。

1988年，时任中共贵州省委书记的胡锦涛在北京邀请各民主党派中央、全国工商联负责人座谈，代表省委、省政府邀请中央统战部、国家民委、各民主党派中央、全国工商联智力支边协调小组对毕节开展智力支边等最广泛的力量支持。

各民主党派中央、全国工商联把探索贫困山区科学发展之路作为历史责任，组建了毕节试验区专家顾问组，派出智力支边工作组、专家组给予指导和帮助，并分别在毕节地区8个县（市）建立扶贫联系点，就试验区的发展方向、经济结构调整、扶贫攻坚、资源开发、教科文卫事业进步等提出了许多具体的指导意见，积极争取政策支持，协助引进资金项目，培训了大批干部、人才。各民主党派对毕节试验区倾注感情之深、投入专家之多、参与范围之广、持续时间之长、支持力度之大，在多党合作历史上是少有的，开创了多党合作共同推进贫困地区发展的先河，是共产党与各民主党派在新的历史时期团结合作、共谋振兴的一大创举，受到了广泛赞誉。贾庆林称赞："毕节试验区是中国共产党领导的

第八章　继承与创新

1992年4月，九三学社中央举办"第二次振兴大西南经济研讨会"。

多党合作和政治协商制度在经济建设时期的成功范例。"

如今，各民主党派从中央机关到各级组织，都有自己的对口联系地区和扶贫重点，并有专门人员负责。各民主党派的社会服务工作已由具体的扶植开发一两个项目，上升到选准优势、综合发展，由一党一派单独活动，发展到各党各派协同攻关。

各民主党派同台湾同胞、港澳同胞、海外侨胞有着千丝万缕的联系。他们在"统一祖国，振兴中华"总目标下，高举爱国旗帜，为建立海内外广泛的统一战线发挥着不可取代的特殊作用。

改革开放后，邓小平从民族大义出发，提出了"一国两制"的构想。1984年，中英两国谈判签署了中英关于香港问题的联合声明，决定中国政府从1997年7月1日起对香港恢复行使主权。此后澳门问题也得到圆满解决。

各民主党派坚决支持"一国两制"的构想。按"一国两制"的方针解决港澳问题，为解决台湾问题、最终实现祖国统一迈出了重要一步。海峡两岸同是炎黄子孙,又都确认只有一个中国,港澳问题可以通过谈判和平解决,台湾问题为什么不能通过国共两党对等谈判和平解决呢?

这里,自然而然会想到一位传奇的长者,他就是现已 99 岁高龄的民革中央名誉副主席、蒋经国的密友贾亦斌。

贾亦斌出身寒微,抗日战争中冲锋陷阵,英勇杀敌,无畏生死,且性情耿直,时常忠言直谏国民党高层的积弊,深得蒋经国器重。蒋经国曾公开说:"文官要像贾亦斌不贪财,武官要如贾亦斌不怕死,我党国就有希望啊!"抗战胜利后,贾亦斌担任国防部预备干部局代局长,成为蒋经国的副手。1946 年,贾亦斌与著名的近代改良派政治家、思想家谭嗣同的孙女谭吟瑞女士结婚,蒋经国为他们主持婚礼。

1946 年 9 月,贾亦斌在庐山与蒋介石合影。

贾亦斌目睹了国民党的腐朽政权和摇摇欲坠的统治,并受到革命进步思想的影响和中共地下党组织的策动,于1949年4月,率手下青年军4000多人在浙江嘉兴起义。连国民党后备干部的主要负责人都起义,这无疑是向国民党心腹上最致命的一击,震惊了国民党统治下的京沪杭总后方。

1979年,贾亦斌出任民革中央副主席、民革中央促进祖国统一工作委员会主任,同时担任全国政协常委、政协统一工作组常务副组长。其专著《论台独》在大陆、台湾出版。

使贾亦斌不能释怀的是分离多年的蒋经国,蒋经国也没有忘记贾亦斌。1981年,蒋经国默许其亲信沈诚赴大陆找贾亦斌,希望就两岸关系问题与共产党进行一些探索和沟通。贾亦斌以自己对共产党高层的了解,肯定地回答共产党有百分百的诚意,并立即向邓小平作了汇报。

沈诚成为沟通两岸的秘密使者。1987年3月,中共中央以全国政协名义邀请沈诚到北京商谈。3月14日,时任国家主席杨尚昆接见了沈诚。3月25日,中共中央研究决定,以杨尚昆名义致函蒋经国,并通过沈诚秘密转交,邀请国民党派代表到北京进行和平谈判。

此后,蒋经国陆续采取了一系列措施,大力发展台湾经济,改善人民生活,开放探亲和两岸人员往来,对两岸文化、教育、科技、体育等方面的交流解冻,取消对大陆"禁航",放宽经贸限制,并且坚持"一个中国"的原则,反对"台湾独立"。贾亦斌对台湾在蒋经国主导下政策逐渐转变,对海峡两岸的新气象、新变化,感到十分高兴。杨尚昆曾嘱咐贾亦斌,要他做蒋经国的工作。贾亦斌将他重访溪口时拍摄的照片、自己的诗作及信件托人辗转交给蒋经国,畅叙昔日的手足情谊,期盼"经国先生与共产党实行第三次合作,共同完成祖国统一的伟大任务"。

可惜，蒋经国没能迎来这一天，于1988年1月14日忽然西归！

人非草木，孰能无情？大陆思念台湾，台湾也思念大陆。

1964年，已是85岁高龄的国民党元老于右任，辞世前嘱托，"葬我于高山之上兮，望我大陆；大陆不可见兮，只有痛哭！葬我于高山之上兮，望我故乡；故乡不可见兮，永不能忘！天苍苍，野茫茫；山之上，国有殇！"他为台湾与祖国大陆的人为分离，痛心疾首，爱国思乡之情溢于言表。

尽管海峡两岸人民价值取向有所差异，但血总是浓于水，统一祖国，人心所向，大势所趋，任何力量也无法抗拒。

1998年金秋时节，西柏坡以火红的热情迎来了一批特殊的尊贵客人：费孝通、雷洁琼、王兆国、刘延东、何鲁丽、丁石孙、成思危、许嘉璐、蒋正华、万国权、罗豪才、张克辉、周铁农、王文元……

1997年，各民主党派中央相继召开全国代表大会，进行中央领导班子的换届。这次换届在一定程度上具有换代性质，费孝通、雷洁琼等长期与共产党风雨同舟、荣辱与共的老一代领导人退了下来，新一代民主党派代表人物走上领导岗位。

在酝酿换届的过程中，老一代民主党派领导人深刻认识到，在民主党派领导班子成员人事更替的过程中，将老一代长期与共产党风雨同舟、肝胆相照历史中形成的高尚风范传承下去，使民主党派与共产党亲密合作的优良传统代代相传，很有必要。于是，在费老、雷老等民主党派老一代领导人的倡议下，以纪念"五一"口号发布50周年为契机，各民主党派中央新老领导人齐聚西柏坡，重温"五一"口号发布前后的光辉历史。

这是一次回顾多党合作光辉历程、再续多党合作历史新篇的

第八章 继承与创新

1997年1月,江泽民、李瑞环会见民革、民盟、民建中央新任主席何鲁丽(右一)、丁石孙(右二)、成思危(右三)。

聚会,这是一次世纪之交畅叙友情、共谋民族发展大计的聚会,这是一次承前启后、继往开来的聚会。

逝者如斯,不舍昼夜。穿越50年的历史风云,回到精神家园,再次站在西柏坡这片熟悉的土地上,费孝通、孙起孟、雷洁琼等民主党派老一代领导人不胜感慨,50年前与共产党并肩战斗的峥嵘岁月,又清晰地浮现在眼前。

50年前,费孝通初到西柏坡之时,还是风华正茂的青年;50年后,费老深情回忆起初到西柏坡途中的情景:"迎面而来的,是一眼望不到头的老乡们赶着大车的送粮队,还有远远近近、一行行、一队队向前挺进的解放军队伍。天黑了,人们点上灯笼继续前进,宛如一条长龙。这个情景深深打动了我。我想,这是千千万万的老百姓,在共产党的领导下汇成的一股无比巨大的力量!"50年过去了,祖国大地已经发生了翻天覆地的变化，当年走在西柏坡道路上的青年，如今已成为民盟中央名誉主席。回顾往昔，费老挥毫泼墨，写下了"风雨五十载，选择永不变"的条幅。

满头银发的雷洁琼来到毛泽东旧居，抚摸着屋内那张熟悉的书桌，与毛泽东的交往历历再现："我们到达的当天傍晚，毛泽东等中共中央领导同志邀我们共进晚餐。毛泽东同志谈笑风生，气氛十分活跃、愉快，我们初次见到中共领导同志的拘谨心情一下子就消失了。晚餐后，我们随毛主席走进了他的办公室，围坐在他的书桌旁，亲切地交谈至凌晨二时。毛主席讲到如何把革命进行到底的问题、知识分子问题、对民主党派的要求以及新中国建设的宏伟蓝图。他说，革命胜利了，就要召开新政协会议，成立中华人民共和国，希望民主党派站在人民大众的立场和中国共产党采取一致步调，真诚合作，不要半途拆伙，更不要建立'反对派'和'走中间路线'。"50年后的此时此刻，雷老不禁感慨："从历史的发展进程看，从我的亲身经历看，我深深感到，中国共产党领导的多党合作和政治协商制度，作为我国的一项基本政治制度，是马克思列宁主义政党理论同我国革命和建设实践相结合的结晶，是中国共产党同民主党派的共同抉择。"

在西柏坡纪念馆内，有一块铜质纪念匾，是民主党派中央新老领导人重返西柏坡时留下的。匾长100厘米，高50厘米，上款为"纪念各民主党派响应中共中央'五一'口号五十周年"；中间为时任九三学社中央顾问的著名书法家启功先生手书"风雨同舟，继往开来"八个大字；落款为"中国国民党革命委员会、中国民主同盟、中国民主建国会、中国民主促进会、中国农工民主党、中国致公党、九三学社、台湾民主自治同盟"；时间是"一九九八年九月"。

"风雨同舟"是一个真实的历史写照。共同的奋斗历史、共同的事业、共同的使命和责任把共产党和民主党派的命运联系在一起。各民主党派自成立以来，以国家兴亡为己任，和共产党一起为实现国家的独立、民主、富强而不懈奋斗，建立了彼此尊重、彼此信任的关系；即使经受了种种艰难，但跟共产党走的信念不改，爱国情怀如初。中共十一届三中全会以后，各民主党派坚决拥护党的路线、方针、政策，积极投身于改革开放和社会主义现代化建设。这一切都说明：共产党和民主党派之间的关系，是建立在根本利益一致基础上的互相信任、亲密合作的亲密友党关系，共产党和各民主党派都以国家之兴为荣，以国家之衰为辱，风雨同舟、荣辱与共、肝胆相照、生死相依。

　　"继往开来"是一项重要的政治任务。新的世纪，我国面临着前所未有的发展机遇，也面临着前所未有的困难和挑战。在改革进入攻坚阶段、发展处于关键时期的重大历史关头，时代赋予各民主党派新一代领导人继承和发展老一代的优良传统、带领广大成员继续前进、与共产党一起致力于社会主义现代化建设的神圣使命。光阴荏苒，国家和世界都在发生着日新月异的变化，多党合作的光荣传统需要一代又一代人来传承，多党合作事业需要一代又一代人来发展，社会主义现代化建设需要一代又一代人艰苦努力、开拓创新。在接过老一代民主党派领导人肩上的担子之时，民主党派新一代领导人注定将以他们的努力和心血，书写新的历史。

　　世界上许多显赫一时的古老帝国在长期的僵滞后衰亡，而古老的中华民族却在兴衰往复中周而复始地循环着。

　　几千年来，中国曾发生过多次分裂，近代又遭遇大规模的外国入侵。中华民族有强烈的历史意识，中华民族有巨大的凝聚力量，反对分裂、维护统一始终是中华民族发展的主流。这正是共产党同各民主党派团结合作最直接、最基本的动因。

近半个世纪的风风雨雨，给共产党领导的多党合作创造了发生和发展的历史机遇。

随着社会主义民主政治建设不断向前推进，多党合作的道路必将会越走越宽广。

第九章 同心与发展

中共十六大以来，中共中央先后制定了一系列有关多党合作的指导性文件，到2009年中国政党制度确立60年之际，多党合作制度建设框架体系基本形成。

中共中央和国家领导人迎接国宾时，邀请民主党派中央领导人参加，每年40多次。在欢迎仪式上，民主党派中央领导人一般站在第一排第一位；参加宴请时，民主党派中央领导人一般坐在第一桌。

长期以来，中共中央领导人每逢新春佳节来临，都会同各民主党派、全国工商联领导人和无党派代表人士欢聚一堂，交流座谈，共商国是。2011年新春，胡锦涛在座谈会上提出：中国共产党成立以来90年波澜壮阔的历史和实践充分证明，思想上同心同德、目标上同心同向、行动上同心同行，是中国共产党领导的多党合作和政治协商制度最鲜明的特质，是我们不断夺取革命、建设、改革事业胜利的有力保证。

□ 万水朝东

探索规律的脚步从未停歇，追寻真理的目光始终执著。

20世纪90年代至今，随着经济全球化、世界多极化、信息网络化的发展，以及各种文化、思潮、价值观的交流，世界政党格局发生了新的变化，政党制度模式逐渐多样，政党数量急速增加，新型政党不断出现，传统的左、右翼政党加剧分化，"单一问题党"、"抗议党"和右翼极端派政党不断产生，一些带有民族主义倾向和宗教色彩的政党登上政治舞台。

在全世界200多个国家和地区中，除了20多个严格的君主制或政教合一的无政党社会外，绝大多数国家和地区都实行政党政治。由执政的党派决定国家的内政外交走向，对国际政治局势的发展产生了深刻影响。

如果说经济体制和市场机制的有效性决定一国总体经济实力的话，那么政党制度就成为一国政治发展的重要引领，政党制度建设成为构建良好政局的首选要件。

改革开放以来，中国的经济体制改革积极稳妥推进，政治体制改革也在不断推进，社会主义民主政治建设取得了重大成果，人民代表大会制度、共产党领导的多党合作和政治协商制度、民族区域自治制度和基层群众自治制度等日益完善。与此同时，人民群众的民主意识、自主意识、政治参与意识日益增强，对政治体制改革的期望值越来越强烈，对社会主义民主政治建设提出了新希望，对共产党领导的多党合作和政治协商制度提出了新要求。

随着全球化的深化和中国的高速发展，西方出于自身利益和长远战略的需要，对中国的兴趣达到了历史上从未有过的高度。然而，流行于西方的每一个关于中国的认识版本几乎都与客观的中国现实相去十万八千里，与其说它们将中国呈现于西方人面前，毋宁说它们忠实地呈现了西方的精神面貌。西方大国不想看到中国拥有的不同于西方的政治制度取得成功，人为地将西方多党制拔高为实现民主的唯一模式，挟全球化之力强力推行西方民主。

经济体制深刻变革，社会结构深刻变动，利益格局深刻调整，思想观念深刻变化，中国发展既面临着前所未有的机遇，也面临着前所未有的挑战。

面对快速变化的世界，面对纷繁复杂的国际风云，中国社会在发展道路上需要思想的不断解放，需要意识的时时觉醒，更需要对历史发展规律的深刻认识和准确把握。

前进是历史的必然，政治共同体的合理构建与有效运行，是一个民族兴衰存亡的关键。

改革开放三十多年来中国的变化和发展表明，一个超大规模国家得到大治理，造就了大变革、大发展和整体的大稳定。中国在内政外交国防、政治经济文化等各方面所取得的重大成就，证明了多党合作和政治协商制度适合国情。

民革中央主席周铁农 2008 年 11 月 6 日接受记者采访时这样说过：

"很多外宾对中国的政党制度很感兴趣。我习惯于从中国的基本国情和中国的发展实践两个层面介绍中国的政党制度。中国是发展中国家，最艰巨的任务是发展，发展需要有人来带个头。要成为带头的政治力量得符合两个标准：第一要稳定，第二要不保守，善于接受各方监督。中国共产党就是这样一支力量，一方面，中国共产党的执政地位是历史形成的，没有人要拉其下台，所以稳定；另一方面，有人在不拉其下台的前提下对其进行监督，使其不保守。

"我以为不以拉下台为目的的监督是最有效的监督。参政党对执政党的监督是为了执政党把工作做好，有利于执政党地位更稳固，执政党显然乐于接受。相反，如果以拉下台为目的，这种监督之间就缺少信任，一方不得不对另一方说的每句话都要警惕，仔细思考，其居心究竟何在？是不是为了取而代之？这样监督的效果就会大打折扣。

"从实践上看，现行的政党制度已经保证中国实现了连续30年保持政治稳定、经济繁荣，这是已知数；换个政党制度是未知数。当然，这个已知数里肯定有些问题，但是这个已知数总体上是好的，是可以接受的。既然已知数是可以接受的，而且感觉还不错，为什么要找未知数来代替呢？"

正是共产党通过政党组织、基层组织和统一战线把所有人都聚合起来，从而确保了社会在快速转型中不散、不乱。如果把共产党和各民主党派从中国社会发展的要素中去掉，中国的成功就不存在。

多党合作是共产党一党领导多元社会回旋的一个制度空间、组织空间。社会越多元化，越要发展民主党派。

共产党对民主党派的认识从拨乱反正到不断深化，态度从道义上的感谢和尊重变为多党合作的规范化、制度化，在世界政党制度发展史上实现了两个创新：政党概念的创新和执政形式的创新。

在政党概念上，创制了一种新的合作政党体系，政党可以放弃执政资格，从逻辑上排除了多党制；在执政形式上，领导与被领导，执政与参政，只是政党体系的内部分工，有效解决了政治浪费问题。

尽管世界各国的历史文化传统、自然地理环境、经济发展水平以及与此相对应的经济、政治、文化、法律等制度各有不同，甚至差异巨大，但各国民众的利益需求却没有本质上的差别。对生命的平等尊重、对人权的保障、对秩序的渴望、对自身处境的关切以及对幸福生活的向往和追求，是民众的当然要求。

在既定的经济社会条件下，一个政党或政党联盟，怎样才能做到既遵循既定的政党纲领，又符合时代发展的潮流，从而得到广大民众的长久支持，是一个常做常新的课题。

世界各国民主化的经验表明，政治领袖对于民主的认识和态度，决定着一个国家的民主化进程和模式。

民主不仅仅是思想作风，更重要的是体制和制度。

任何一个政党，当它在取得执政地位之后，强化制度意识、解决制度问题至关重要。

早在延安时期，制度问题就曾被提到关系共产党生死存亡和未来国家兴衰成败的重要位置上来。当年毛泽东找到了制度建设这条新路，但是却未能带领全党一以贯之地走下去，更未能成功解决在执政以后如何确保党和国家政治生活民主化、制度化这一大课题。

历史经验昭示，发展社会主义民主政治，必须把制度建设提到根本性、全局性的重要位置上来。

着眼于中国政治文化的传统和既有的政治架构，在已取得的经济成就的基础上，构建出超越传统，与政党政治的世界性潮流相一致、与中国现代化相适应的政党政治，对于历经磨难的中华民族和其领导力量共产党至关重要，对于人类政治文明的发展具有特殊意义。

中共十六大以来，以胡锦涛为总书记的中共中央继往开来，与时俱进，沉着应对国际国内形势的新变化，深刻总结中共十一届三中全会以来多党合作事业的成功经验，坚持推进社会主义政治文明建设，坚持走中国特色社会主义政治发展道路，积极推进多党合作事业的稳步健康发展。

2002年岁末，北京城一片银装素裹，胡锦涛担任中共中央总书记伊始，就踏雪走访了八个民主党派中央和全国工商联，共商巩固和发展爱国统一战线、坚持和完善共产党领导的多党合作和政治协商制度的大计。每到一处，春意盎然、暖意融融，洋溢着肝胆相照、亲密合作的感人气氛。这一举动受到社会各界极大关注和好评。

针对走访中提出的民主党派办公用房、干部住房、活动经费、干部交流等14个需要解决的实际问题，胡锦涛等中央领导明确指示能解决的要立即解决，着重协调解决一些难点问题。

2003年一年间，中共中央领导集体与各民主党派中央先后召开19次座谈会，就重大问题进行政治协商。此外，民主党派中央领导层与中共中央领导层之间通过"直通车"，可以随时就各种重要问题提出意见和建议。

这一年的7月，胡锦涛在全国防治非典工作会议上指出，要更好地坚持协调发展、全面发展、可持续发展的发展观。10月，中共十六届三中全会通过《关于完善社会主义市场经济体制若干问题的决定》，第一次对科学发展观作出精辟表述："坚持以人为本，树立全面、协调、可持续的发展观，促进经济社会和人的全面发展。"科学发展观是我国经济社会发展的重要指导方针，是发展中国特色社会主义必须坚持和贯彻的重大战略思想，在2007年的中共十七大上被写入党章，成为中共的指导思想。

发展是科学发展观的第一要义。我国多党合作和政治协商制度的形成与发展，同科学发展观有着内在的、必然的联系。科学发展观把多党合作和政治协商理论提升到一个崭新的境界。

坚持和完善我国多党合作和政治协商制度，要从符合客观规律入手，健全多党合作的运行机制、完善多党合作的制度建设、实现政党关系的和谐，巩固和发展我国多党合作和政治协商制度的良好政治格局。

2005年2月，中共中央颁发了《中共中央关于进一步加强中国共产党领导的多党合作和政治协商制度建设的意见》。这份文件适应了新形势、新任务的要求，是落实科学发展观、全面建设小康社会的客观需要；这份文件凝结了共产党和各民主党派、无党派人士的共同智慧，是历史经验的总结，是政治协商的产物，也是团结合作的体现。

文件制定和出台的过程，既是中国共产党统一全党认识的过程，也是大量吸收民主党派意见的过程。

从2004年3月起，中共中央有关部门、各民主党派中央、各地中共党委对多党合作实践中出现的新情况、新问题进行深入调查研究，形成调研报告47篇；先后召开专题座谈会34场，研讨30多次，近千人次参加；中共中央就文件内容广泛听取民主党派中央、无党派人士和有关方面的意见，并与全国人大、全国政协和中共中央、国家有关部门沟通协商，先后进行36次修改。胡锦涛亲自主持召开会议认真讨论，听取意见，最终形成了这份著名的［2005］5号文件。

2006年2月，中共中央颁发了《中共中央关于加强人民政协工作的意见》。

2006年7月，中共中央颁发了《中共中央关于巩固和壮大新世纪新阶段统一战线的意见》。

这三个在统一战线和多党合作史上具有里程碑意义的文件，

提出了一系列新的理论观点和政策主张：

——明确了坚持和完善多党合作和政治协商制度是建设社会主义政治文明的重要内容。离开了政党和政党制度，民主的实现就成为一句空话。多党合作和政治协商制度是社会主义民主制度的体现形式，其强大的民主功能，包括有序的政治参与、有效的民主监督、实现决策的科学化和民主化等，在社会主义民主政治建设中的重要作用日益突出。

——概括了我国多党合作和政治协商的重要政治准则。这既是对半个多世纪以来多党合作历史经验的总结，也是对毛泽东、邓小平和江泽民在这个问题上探索成果的集中概括和丰富，已成为共产党和各民主党派的共识。为新世纪新阶段多党合作事业始终沿着正确的方向健康发展提供了重要的政治规范和政治保障，同时也为多党合作和政治协商制度的长期存在和稳定发展、始终保持强大生命力和旺盛活力提供了根本保障。

——提出要坚持把发展作为多党合作和政治协商的根本任务。各民主党派、无党派人士把促进发展作为团结奋斗的第一要务，是与共产党通力合作的诤友、挚友，是积极推进社会主义经济建设、政治建设、文化建设、社会建设和推动祖国完全统一的重要力量。

——对民主党派性质作了进一步的阐述和完善。支持民主党派将新的社会阶层中的一部分人士纳入工作范围，明确提出了民主党派是各自所联系的一部分社会主义劳动者、社会主义事业建设者和拥护社会主义爱国者的政治联盟。这既体现了中国共产党在多党合作、民主党派工作理论、政策上与时俱进的精神品质，同时也体现了民主党派自身不断发展、进步的历史轨迹，为民主党派的不断发展和壮大提供了理论指导。

此外，还进一步完善了政治协商的内容、形式和程序，进一

第九章　同心与发展

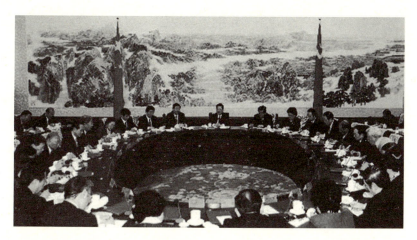

2007年12月24日，中共中央在中南海举行党外人士座谈会，同各民主党派中央、全国工商联新老主要领导人座谈。胡锦涛发表重要讲话，贾庆林、习近平等出席。

步明确了民主监督的性质、内容、形式、渠道和机制等等。

这一系列指导多党合作和政治协商的具体意见，标志着我国多党合作和政治协商的制度化、规范化、程序化的深入发展，对发展社会主义民主政治、构建社会主义和谐社会、充分发挥多党合作和政治协商制度的优势、团结一切可以团结的力量为全面建设小康社会而共同奋斗，产生了巨大的推动作用。

我国多党合作的理论和政策呈现出进一步丰富和发展的态势，立足点更高，视野更宽广。

中国政党制度进入了自觉发展阶段，而且是长期发展的常态。

"和谐"是中国传统文化的精髓，是一个哲学范畴，更是一种社会理想。

"和谐"是马克思主义经典作家社会主义思想的一个基本价值，是社会主义运动追求的目标取向。

作为一个发展中的大国，在全面发展的历史性关键时期，需要有国际视野,更需要有自己的国家特色。

中共十六大以来,共产党从中国特色社会主义事业的总体布局和全面建设小康社会的全局出发,提出了构建社会主义和谐社会的重大战略任务。

2005年,胡锦涛在省部级主要领导干部提高构建社会主义和谐社会能力专题研讨班的讲话中指出:"公平正义,就是社会各方面的利益关系得到妥善协调,人民内部矛盾和其他社会矛盾得到正确处理,社会公平和正义得到切实维护和实现。"这个讲话与半个多世纪前制定的《共同纲领》可谓一脉相承。

共同的政治目标,决定了共产党与各民主党派在构建社会主义和谐社会这一新的政治实践中负有共同的历史责任。

中国的社会要和谐,共产党和民主党派的关系必须和谐。

和谐共存是和谐政党关系的前提,和谐共事是和谐政党关系的基础,和谐共进是和谐政党关系的取向。

在2006年召开的第20次全国统战工作会议上,胡锦涛从构建社会主义和谐社会的战略高度,强调要正确认识和处理我国政治领域和社会领域中关系党和国家全局的五大关系,即政党关系、民族关系、宗教关系、阶层关系和海内外同胞关系。五大关系排序,政党关系列首位。

2007年10月召开的中共十七大报告强调:促进政党关系、民族关系、宗教关系、阶层关系、海内外同胞关系的和谐,对于增进团结、凝聚力量具有不可替代的作用。报告对社会主义民主政治建设作出了新的部署,指出:要加强同民主党派合作共事,支持民主党派和无党派人士更好履行参政议政、民主监督职能,选拔和推荐更多优秀党外干部担任领导职务。

截至2009年底,担任县处级以上领导职务的民主党派成员、无党派人士共有3.2万多人。其中,在最高人民法院、最高人民检察院和国务院部委办、直属局担任领导职务副职的有18人；全国31个省、自治区、直辖市中，担任副省长、副主席、副市长职务的有30人，在19个省（区、市）政府部门中担任正职的有33人；在全国401个市（州、盟、区）人民政府中担任副市（州、盟、区）长职务的有362人；担任省级法院副院长和检察院副检察长的有39人，担任地市级法院副院长和检察院副检察长的有213人。在省级高等院校、人民团体、科研院所、国有企业中，共有654名民主党派成员和无党派人士担任领导职务。

曾有人分析，与新中国成立之初担任中央和各级人民政府领导职务的民主党派成员和无党派人士对比，新时期非中共人士参加国家政权有几个特点：新中国成立初期非中共人士大都任职高位，但现在从县级开始逐层覆盖；总人数虽远超新中国成立初期，但大都安排副职，并且集中于文教卫部门，被人称为"文教卫"现象；与中共官员的升迁轨迹不同，之前担任副职的非中共人士一般按照"副职晋升"规律运行，即从下一级副职直接升至上一级副职。

更有人提出，新中国成立之初各民主党派和无党派民主人士在国家政权中的任职比例相当高，而现在民主党派成员在政府机关任职的总数偏少，而且副职多正职少，这是"今不如昔"。

看待问题应该历史、客观，不能简单地类比。现在是人民民主专政的国家政权，不再是新中国成立初期统一战线的联合政府；主要任务是建设中国特色社会主义，实现全面建设小康社会的奋斗目标，实现祖国统一大业，不再是消灭三大敌人的残余。与此相适应，现在的国家政权机关、各级政府及司法机关安排一定数量的非中共干部，要按照干部德才兼备的原则、干部队伍建设的方针和有关程序进行选拔配备，要根据工作需要和非中共干部的自身素质来决定，既要重视数量，更要重视质量。单纯强调要提高民主党派和无党派人士的任职比例，甚至要超过新中国成立初期的比例，不太恰当。

吸收非中共干部参加国家政权并长期合作，是共产党坚持的一项不可动摇的根本政策。万钢、陈竺的出现，无疑是部委层面"副职"的突破。

2007年4月27日上午，十届全国人大常委会经表决决定，任命中国致公党中央副主席、同济大学校长、汽车专家万钢为科学技术部部长；6月29日，有着从知青到中国科学院副院长传奇经历的无党派人士陈竺被任命为卫生部部长。这是改革开放以来首次出现民主党派和无党派人士部长。

舆论认为，民主党派和无党派人士担任国务院组成部门正职，是坚持和完善多党合作制度的重要步骤，也是推进社会主义民主政治建设的战略举措，使社会新阶层在中国政治生活中可能的空间扩展到了一个新的层次。

"我深深感到中国共产党的信任，人民的重托。"在科技部当天下午举行的会议上，万钢的发言颇为动情。

陈竺就任以后，在卫生部第一次全体干部大会上引用了林则徐的名句"苟利国家生死以，岂因祸福趋避之"，表明自己的决心和信心。

中国的政局要稳定，多党合作这个政治格局必须稳定。

政治实践表明，社会转型时期，不同的利益诉求与各种社会情绪如果没有充足的渠道表达，足以使社会陷入不稳定状态。有序的政治参与的制度化程度越高，社会政治稳定程度就越高。

中国政党的作用在于肩负建构现代国家的责任，保障政治秩序的动态稳定，对民族国家进行政治整合，团结各方面的力量，避免国家的分裂，同时影响国际政治和国际事务，为富强、民主、

第九章　同心与发展

2008年8月，科技部部长万钢考察奥运新能源汽车运行情况。

2010年8月，卫生部部长陈竺（右一）在舟曲查看救灾工作。

文明、和谐的社会主义现代化国家的目标而奋斗。

中国是一个拥有13亿人口的多民族的超大规模的社会，要求政党制度必须具有强大的社会整合力。共产党是社会整合的中坚力量，各民主党派的合作扩大了社会整合的边界与张力。各民主党派与共产党实质性共识的重合度越高，越能够维系长期合作。以长期的多党合作来达成全社会的政治共识，正是实现国家富强、民主、文明、和谐的重要基础条件。

政党关系和谐，充分保持了政党之间的差异与活力。共产党是执政党，各民主党派是参政党，职能定位明确，既有利于巩固共产党坚强有力的领导从而实现政局稳定与社会整合，又有利于发挥民主党派参政作用从而保持政党之间的差异与活力。

在中国政党制度框架内，共产党和各民主党派能否容纳各种不同利益群体和新生的阶层，使之成为现行体制内的力量而非反对派的力量，是形成政治共识、保持社会稳定的重要因素。由于各民主党派所代表的群众利益诉求不完全一样，其影响面也各不相同，各民主党派的政治理念、价值取向无疑可以影响相当一部分群众。

改革开放以来，尤其是社会主义市场经济建立以后，新社会阶层大量涌现。伴随着这些新阶层人士经济地位的提高，他们的政治参与热情也日益高涨。倘若这股政治参与热情得不到有效的疏导，就会影响到政治稳定。政党关系和谐，可以有效地疏导、吸收和利用新阶层的政治参与热情，把他们纳入到政党政治之中，从而确保政局稳定和社会秩序。

巩固和发展我国政党关系和谐，既要坚持中国共产党的领导，又要促进多党派团结合作；既要提高中国共产党的执政能力，又要发挥民主党派的参政议政作用；既要做好民主党派的思想引导工作，又要使中国共产党真诚接受民主党派的民主监督；既要全面推进中国共产党建设的新的伟大工程，又要积极支持民主党派加强自身建设。

巩固和发展和谐政党关系要克服障碍。多党合作和政治协商制度本身存在着和谐的前提、基础和根据，但实际运行中会出现某些导向不和谐的因素和可能，如容易出现忽视参政党的地位和作用，执政党的各级组织在实际工作中忽视激发参政党的活力；在共产党领导的多党合作的政治架构中，参政党会对执政党形成惯性的依赖等等，这些都会成为实际障碍。

巩固和发展和谐政党关系要强化制度功能。在社会转型期与发展期，社会利益急剧分化、多样化，需要不断强化政党的民意表达、利益整合功能，拓宽和深化政治参与的渠道，使多党合作和政治协商制度确实成为表达民意的平台，在政治生活运行环节上充分发挥民主党派的监督职能和作用。

巩固和发展和谐政党关系要抵御西方政党制度的冲击和挑战。长期以来，社会上有些人认为西方政党制度具有普适性，习惯用西方的政党理论和政党制度来衡量和评价中国的政党制度，无视中国基本国情和中国特色政治发展道路；简单地把政党制度看作是实践和发展民主的工具，过度强调民主的所谓标准化要求，忽视社会的条件和国家建设的实际要求，这不利于和谐政党关系的发展。

巩固和发展和谐政党关系要加强民主党派自身建设。民主党派自身建设的理论还处在探索与模仿阶段；党派发展定位存在某些重叠；党派领导班子建设和干部队伍建设有待进一步规范；新一代党派成员缺乏与共产党合作共事意识，工作中依赖执政党的工作部门等。这些问题不解决，将影响参政党在执政党和人民群众中的形象，进而影响到政党关系和谐和我国民主政治建设的发展。

进入 21 世纪后，能否适应时代的新变化，将社会主义政治、经济、文化和社会建设推向前进，既取决于作为执政党的共产党的执政能力，也与作为参政党的各民主党派的参政能力、积极参与国家政治社会生活的状况等密切相关，这从根本上决定了执政党建设与参政党建设要相互促进、共同提高。各民主党派必须根据自身的历史和党派特色，借鉴但不照搬执政党的成功经验，才能将自身建设推向前进。

改革开放和现代化建设条件下建设一个什么样的参政党、怎样建设参政党的问题，是新时期民主党派自身建设要解决的基本问题。

各民主党派以高度的责任感、使命感，以思想建设为核心，以组织建设为基础，以制度建设为保障，切实加强自身建设，取得了显著成果。

在民主党派自身建设中，领导班子的能力建设是一项重要内容。王兆国 2000 年 3 月 2 日在中央社会主义学院春季开学典礼的讲话中第一次比较完整系统地提出了民主党派能力建设的主要内容，即政治把握、参政议政、组织领导和合作共事"四种能力"。2002 年和 2007 年各民主党派中央的两次成功顺利换届，从某种程度上说是对民主党派自身建设成效的集中检验。

2002 年底各民主党派相继召开全国代表大会，根据形势和任务的变化，对各自的章程进行了修改、补充和完善，第一次明确了民主党派自身建设的目标和原则。

这是一个经过了逐步认识和深化的过程。在民主党派建立和发展的各个历史时期，都曾提出过本党的发展任务与纲领，但都没有在各自的章程中写上自身建设的目标。各民主党派在实践中越来越意识到自身建设的重要性，在思想建设、组织建设、制度建设方面积累了很多经验。2002 年各民主党派全国代表大会修订各自党派章程时，从民主党派的性质、地位、特点出发，提出了各自政党自身建设的目标。概括起来就是：把本党派建设成为同中国共产党长期亲密合作、致力于中国特色社会主义事业的参政党。这个目标的确立，凝聚了民主党派几代人的集体智慧，是民主党派自身建设发展的重要标志，为参政党自身建设指明了方向。

参政党建设的主要原则，主要包括：坚持中国共产党的领导；发扬社会主义民主；体现政治联盟的特点；坚持一致性与多样性的统一；体现进步性与广泛性的统一。

2005年2月，胡锦涛在与各民主党派中央负责人、无党派代表人士座谈时首次明确提出"执政党建设与参政党建设相互促进"的理论。2006年7月在第20次全国统战工作会议上，胡锦涛进一步强调，要使执政党建设与参政党建设相互促进，更好地统

2003年，农工党北京市委会主委陈建生（左一）、民革北京市委会主委韩汝琦（左二）在市政协会议期间，通过北京人民广播电台发表参政议政意见。

一于多党合作、共创伟业的历史进程中。

面对新的形势和新的任务,面对民主党派又一次新老交替幅度较大的换届后政治交接的任务繁重的局面,2007年3月,各民主党派中央领导会聚广西南宁,研究部署以坚持走中国特色社会主义政治发展道路为主题的"政治交接学习教育活动"。

这次学习教育活动以坚持走中国特色社会主义政治发展道路为核心,以增强接受中国共产党领导的自觉性和坚定性为关键,以继承和发扬民主党派老一辈长期与中国共产党团结合作形成的政治信念、优良传统和高尚风范为重点,对民主党派广大成员进行基本国情和形势政策教育,加强其对多党合作历史和本党派历史章程、优良传统的了解和认同,加深其对中国特色社会主义理论的理解和把握。

这次学习教育活动大体用一至两年的时间,强调民主党派的自觉、自主、自为。"自觉",就是政治交接最初是由民主党派老一辈领导人自己认识到、自己提出来的,学习教育活动不应是一种被动的行为;"自主",就是各民主党派是政治交接学习教育活动的主体;"自为",就是各民主党派在学习教育活动中充分发挥积极性、主动性和创造性,通过开展自我教育,有所收获、有所提高。

2007年底,8个民主党派中央结合学习中共十七大精神,陆续展开新一轮换届工作,一批新中国成立后出生的民主党派人士进入领导机构。民主党派省级组织领导班子和领导机构成员的年龄结构、知识结构同时得到优化。民主党派更加注重加强自身建设,通过换届延揽更多专精人才充实党派领导班子,充分发挥参政党作用,全面提高参政议政水平。

2007年11月底12月初,中南海高层领导密集出席了民主党派代表大会。与5年前不同的是，这次代表中共中央出席8个民主党派换届会议的均为中共中央政治局常委，层级明显提高。尤其是新任中共中央政治局常委习近平、李克强分别代表中共中央出席民盟十大和民进十大致辞祝贺，引起海内外舆论的强烈关注。

原民进中央主席许嘉璐认为："中共中央突破常规，由中共中央政治局常委为民主党派代表大会致贺词，这是用实际行动表达中共中央在推进、深化中国共产党领导的多党合作政治制度的诚意和决心。"

舆论认为，中共高层与民主党派高层之间的一系列紧密互动，向外界彰显了中共加强多党合作，发展社会主义民主政治的决心，预示着十七大之后中共在推动多党合作和政治协商制度、落实合作共事方面将迈出更大步伐。

2007年11月，国务院新闻办首次对外发布了《中国的政党制度》白皮书，系统回顾了中国多党合作和政治协商制度的发展历程，准确阐释中国多党合作格局中的政党关系，全面论述了民主党派在建设中国特色社会主义、推进社会主义民主政治建设中的作用，明确指出多党合作和政治协商制度是中国政治制度的一项特点和优势。

各民主党派紧紧围绕坚持中国特色社会主义政治发展道路这一主题，针对形势任务的发展变化和民主党派成员的思想动态，坚持把思想建设放在首位，不断探索自我教育的新思路和新形式，努力提高成员思想政治素质。

各民主党派高度重视组织建设，采取切实有效措施，组织建设平稳健康发展。1997年各民主党派中央换届，完成了新老交替的历史性任务。2002年和2007年各民主党派中央的两次换届，领导班子实现平稳交接，新中国成立初期加入民主党派的老同志基本退出领导岗位，新产生的中央领导机构成员都是改革开放以来、特别是 90 年代出现的新一代代表人物，一大批 40 岁、50 岁符合条件的新一代成员进入了中委和中常委，显著增强了领导机构的活力。领导班子政治把握能力、参政议政能力、组织领导能力、合作共事能力不断提高，领导班子考核监督机制不断完善。

同时，各民主党派认真总结经验，不断探索，不断创新，初步建立起了后备干部队伍建设机制。与中央党校对应，成立于 1956 年的中央社会主义学院是主要培养民主党派和无党派人士的院校。50 年间，接受培训的非中共人士从当年每年几百人激增至现在的三四千人以上，学员成分遍及高等院校、科研院所，及至新社会阶层、海归人士。目前，除了中央社会主义学院外，有 30 个省、自治区、直辖市，以及约 130 个市（州、区）恢复或成立了各级社会主义学院，形成了培训民主党派和无党派人士的多重网络。

各民主党派围绕发挥参政党的职能，制定了一系列措施、规定和细则，逐步形成了一套比较科学的领导机制和工作机制。这一时期，民主党派探索建立健全内部监督机制、设立内部监督机构的问题。2007 年各民主党派换届修订章程中，都明确了设立中央监督委员会等规定。

民主党派在共产党的领导和关心下，从组织恢复和发展，到在政治、经济、文化和社会建设以及祖国统一等各个领域发挥越来越重要的不可替代的作用。在世纪交替之际，各民主党派完成了领导班子的新老交替，一批在新中国红旗下成长起来的知识分子走上领导岗位。

多党合作带来的生动局面，为各民主党派提供了施展才华，报效祖国的难得机遇。各民主党派把发展作为参政的第一要务，把主要工作与中共中央的中心工作一致起来。

从国家的宏观调控，到企业的微观行为；从崛起的沿海开发区，到亟待扶植的穷乡僻壤，无不融汇着民主党派、无党派人士的真知灼见。人们忘不了他们在科研、文教及经济建设等各个领域所发挥的不可忽视乃至举足轻重的特殊作用。这些努力有效保障了我国各项改革事业得以健康发展，也使得共产党与各民主党派的长期合作关系更加巩固、更加充实。

中共十六大以来，各民主党派中央就国家经济社会发展中具有全局性、战略性、前瞻性的重大问题开展考察调研，先后就西部大开发、中部崛起、东北地区等老工业基地振兴、"三农"问题、建设社会主义新农村、国家级综合配套改革试验区、实施可持续发展战略、青藏铁路沿线发展、制定和实施"十一五"规划等，向中共中央、国务院提出意见和建议260多项。很多意见和建议得到采纳，并产生了良好的社会效果。

各民主党派中央和地方组织向中共中央、国务院及地方党委、政府报送的专题书面建议9万多项，向全国人大、全国政协会议和地方人大、政协会议提出的议案、提案和大会发言，数量不断增加，质量不断提高。

2006年3月，民革中央提出《当前新农村建设中需要重视和着力解决的几个问题》；2005年8月，民盟中央提出《加强青海湖及其流域生态环境保护与治理的建议》；2008年11月，民建中央提出《统筹城乡经济发展，促进城乡共同繁荣》的建议；2004年，民进中央提出《关于加快民族地区经济社会发展》等建议；2008年9月，农工党中央提出《以人为本，关注民生，切实解决农村饮水安全问题》；2008年10月，致公党中央提出《关于开展粮食核心产区保护与建设工程，保障国家粮食安全的建议》；2008年5月，九三学社中央提出《关于做好汶川大地震灾后重建工作的想法与建议》；2007年1月，台盟中央提出《关于进一步弘扬闽南优秀文化和推动闽台文化交流的建议》等,中共中央、国务院高度重视各民主党派的意见和建议,批示有关部门研究落实。

一条青藏线,穿越历史和未来;一条通天路,寄托梦想与期待。

2006年8月6日到12日,在时任全国政协副主席、中共中央统战部部长刘延东的带领下,各民主党派中央、全国工商联领导人和无党派人士对青藏铁路及青海、西藏沿线进行考察调研。

来到青海西宁市,走出拉萨火车站,不少考察团成员就发出感慨:第一次走进青藏的,惊叹这里的现代与繁华;几年没来的,感慨这里日新月异的变化。

从青海西宁到西藏拉萨、日喀则,一路上,考察团成员不顾年龄偏大、高原缺氧、长途奔波之苦,听取各地党委、政府和青

部分考察团同志在唐古拉车站

藏铁路公司工作汇报，认真考察了青藏铁路及沿途的企业、学校、重点建设工程、文化名胜和农牧民家庭。

刘延东强调，要"抓住铁路通车的机遇，加强对沿线经济和产业结构的规划、布局，最大限度使群众享受到铁路带来的便捷和利益"。

全国人大常委会副委员长、民建中央主席成思危建议，把青藏铁路建成看做是万里长征走了第一步，从统筹航空、公路和铁路运力，规划"大交通"做起，高度重视用好管好铁路。

全国政协副主席、农工党中央常务副主席李蒙建议，青藏各地政府要树立通路、出路、活路观，用好人流、物流、信息流，在促进交流中找优势，在应对挑战中求发展。

途经青海湖、察尔汗盐湖，车过玉珠峰、沱沱河、唐古拉山，一路雄浑壮阔的高原风光和可可西里的可爱动物，引发了考察团成员的热议。

"环境承受能力、资源开发限度绝不能突破。"在与青海、西藏两地领导同志交换意见，与两地专家们探讨可持续发展问题时，大家提出的环境和资源保护建议多达数十项。

考察团成员建议，要把环保放在一切之首，重点项目和环保项目配套建设。对重点保护区的发展，不再考核生产总值，而应以生态功能恢复和教育、卫生、文化等社会事业发展作为考核重点，以促进经济与人口、资源、环境的和谐发展、协调发展、持续发展。

考察团的成员中不少是人文造诣深厚的专家，对青海、西藏的历史文化有着一些独到的见解，对这里的文化遗产怀有珍惜之情。所以每到一地，大家都非常关心保护文化遗产问题。考察团对塔尔寺、布达拉宫、日喀则等地的考察和调研，不仅使大家领略了精彩纷呈、古老神秘的青藏文化，更加深了大家对青海、西藏文化遗产保护和利用问题的思考。考察团成员认为，必须处理好文化遗产保护与利用的关系，一方面，要利用青藏铁路通车这个机会，科学规划加快发展特色旅游支柱产业，围绕文化旅游做文章；另一方面，要进行预防性保护，防止文化遗产遭到破坏。他们深情地说，饱览青藏文化，有一种亲情的感受。藏汉多民族人民的文化创造力令人难忘，"保护生态，保护文化遗产，这是对子孙后代负责"。

考察团成员呼吁建立和完善保障特色农业发展的措施。建议将特色农业的产业化开发规划，纳入国家和地方"十一五"发展规划；建立健全农牧业技术服务体系，从建设农业技术推广体系做起，鼓励和支持农业科研院所和大专院校的专家到第一线建立示范基地，为农牧民服务；培育农民专业化合作经济组织；完善信用合作社改革，建立中小企业担保公司，解决农业产业化贷款难的问题。

各民主党派通过开展智力支边、光彩事业、思源工程等活动，兴办公益事业，有力促进当地经济、文化和社会的发展。民建中央2005年底启动了号召成员回报社会的"思源工程"，并于2007年成立了中华思源工程扶贫基金会，该基金会成立以来至2008年底，公益支出9682万多元，其中扶贫支出8815万多元。农工党中央坚持为新农村建设办实事，近年来确定了200多家定点帮扶乡镇卫生院，通过专家辅导、技术示范、人才培养、捐赠药品等方式，支持乡镇卫生院提高管理水平和医疗技术水平。

各民主党派十分关心教育事业的改革发展，注重发挥优势，开展多种形式的兴教办学活动。民革中央投入资金，以学校为依托组织开展村民技能培训，提高村民文化素质。民盟中央在多年农村支教工作的基础上，自2006年底开展以帮助加强农村教师队

第九章　同心与发展

2006年8月,台盟北京市委会接待台湾高校师生访问团。

伍建设为主题的"农村教育烛光行动",又称"烛光行动",这是民盟参与新农村建设的一个重要工程。几年来,通过"烛光行动"建立教师培训基地、开展师资培训、组织优秀教师送教下乡、组织农村教师赴城市学校接受培训、城乡学校结对联系、组织盟员优秀教师到农村中小学进行短期支教、举办农村教师培训班、通过网络开展教师培训、帮助改善农村学校教学条件等多种形式开展支教活动,取得了显著成效。

各民主党派积极探索社会服务工作的新领域、新机制。在重大突发事件和自然灾害面前,各民主党派积极为中共和政府分忧解难。在2003年抗击"非典"的斗争中,积极开展捐助、救助活动,提出了很多很好的建议;在2008年抗击南方雨雪冰冻灾害、抗震救灾斗争中,动员各级组织和广大成员勇于承担社会责任、奉献爱心。据不完全统计,民主党派各级组织和广大成员为抗震救灾捐款捐物达5亿多元。

各民主党派鼓励广大成员立足本职,爱岗敬业,勤奋工作,

□ 万水朝东

2003年7月，农工党北京市委会、北京市红十字会将由万名白衣天使共绣的爱心挂毯送到首都博物馆，作为"非典"时期珍贵文物被收藏。

2008年5月，民盟北京市委会副主委、清华大学教授王光谦（右）到地震灾区参加堰塞湖排险工作。

甘于奉献，涌现出许多先进人物和优秀人才。虽然他们的工作岗位不同，社会经历不同，但都把自己的人生价值与祖国的前途命运紧密结合起来，把个人的奋斗与中华民族的伟大复兴紧密结合起来。献身科学、勇于创新、鞠躬尽瘁的已故九三学社中央副主席王选，以自己高尚的人品、卓越的贡献和对中国共产党、对社会主义事业的热爱，赢得了广泛的赞誉，成为民主党派成员的一面光辉旗帜。在抗击"非典"斗争的第一线忘我抢救患者而光荣殉职的农工党成员马宝璋，是民主党派成员中涌现出的先进人物代表。

许多民主党派成员荣获国际国内的奖励和荣誉。在2006年召开的各民主党派、工商联和无党派人士为全面建设小康社会作贡献经验交流暨表彰大会上，有142个先进集体、460个先进个人因做出了突出贡献而受到表彰。据统计，84名民主党派成员荣获2008

2003年5月，为支援抗击"非典"，各民主党派中央向北京市捐款捐物。图为成思危（右）代表各民主党派中央捐款，左为时任北京市市长王岐山。

□ 万水朝东

2008年5月,九三学社成员、地质专家杨农、雷伟志、施炜随国土资源部专家组深入四川地震灾区开展勘察工作。

年度国家科学技术进步奖励,其中4人荣获一等奖,79人荣获二等奖;118名民主党派成员荣获2009年度国家科学技术进步奖励,其中3人荣获一等奖,115人荣获二等奖;95名民主党派成员荣获2010年度国家科学技术进步奖励,其中3人荣获一等奖,92人荣获二等奖。特别是九三学社中央原顾问、中国科学院和中国工程院两院院士、著名材料学专家师昌绪,荣获2010年度国家最高科学技术奖。

各民主党派高度重视收集、反映社情民意。围绕人民群众普遍关心的解决收入分配不公、缩小贫富差距,建设医疗保障体系、解决看病难问题,解决城市住房难、抑制房价过快上涨,维护公平正义、扶助弱势群体等热点难点问题,提出解决和改进工作的意见和建议,协助中共和政府做好协调关系、化解矛盾、维护稳定的工作,为构建社会主义和谐社会做出了重要贡献。

各民主党派中央编辑出版的报刊

各民主党派形成了专题调研制度、提案建议征集制度等,建立和完善了参政议政的组织机制、责任机制和激励机制等。2006年,中共中央有关部门与各民主党派中央协商,建立健全了民主党派考察调研制度,对调研选题、组织实施、形成成果、落实反馈等进行了规范。

民主党派的参政议政工作在实践中不断发展,创造了许多新形式,形成了一批独具特色的品牌。在加大民主党派成员在人大、政府和司法机关任职力度的同时,特约人员工作、考察调研、参加外事活动工作进一步规范,对口联系、支边扶贫、咨询服务、参加专项检查、进行对外联络等工作进一步展开。

各民主党派在参政议政工作中,注重整合本党派内部人才资源的同时,注重与有关部门合作调研,吸收社会力量参与,扩大了参政议政的研究力量,拓宽了参政议政研究的视野,使所提意

2001年12月,致公党中央海外联谊工作委员会与中国侨联华侨历史学会、中国社会科学院侨联联合举办"经济全球化与华侨研究"学术研讨会。

见建议更具全局性、前瞻性和可行性。

各民主党派在民主监督工作中,认真听取中共各级纪委和监察部门定期通报的党风廉政建设和反腐败工作情况,积极参加党风廉政建设有关专项检查,充分发挥了监督作用。

一系列重大决策、重大政策出台前后,一系列影响重大的法律法规的制定与实施,各民主党派所起的影响越来越大。

从2002年11月到2009年底,中共中央召开或委托有关部门召开座谈会、民主协商会和情况通报会共144次。

民盟中央主席蒋树声披露:"民盟的主要领导参加高层次政治协商,半数以上是由胡锦涛总书记和温家宝总理主持的。在重大的国家方针政策上及国家重要的事务方面,我们提出了意见和建议。包括十七大的报告、政府工作报告、'十一五'规划以及一些重要法律的制定和修改,比如宪法、物权法,都征求了我们的意见。"

蒋树声还用一个事例说明我国政治协商是实现民主的好形式,

第九章 同心与发展

"2006年4月,在飞机上,我与坐在旁边的一个英国人交谈。这个英国人在北京已经生活了16年,亲眼目睹了北京以及中国的变化。他告诉我,他非常佩服中国共产党的领导。我问他,假设现在中国把英国工党和保守党的体制拿到中国来,或者是把美国的共和党、民主党的体制拿到中国来,行不行?能不能达到目前这种情况?他说绝对不行。我问他为什么?他说,每个国家的国情是不一样的,每个国家的历史文化是不一样的,他认为中国目前这个情况、这样的体制最适合中国的发展。"

从2005年到2009年6月,中共省级党委召开或委托召开的协商会、座谈会、情况通报会共1003次,党委书记亲自参加或主持协商会,就地方经济社会发展中的重大问题,虚心听取民主党派省级组织负责人的意见建议,促进了地方社会经济的发展。

从2005年到2010年10月,各民主党派中央向中共中央和国务院提出重要书面建议300余件,如就反分裂国家行为立法、推

2008年4月,中共中央统战部领导与各民主党派中央新老领导人、无党派人士代表到西柏坡参观学习,纪念民主党派、无党派人士响应中共中央发布"五一口号"60周年。

动农村税费改革、建立社保基金监督机制、创建农村社会保障体系等，许多提案得到采纳实施，成为制定政策和法律法规的重要依据。

2009年，在多党合作和政治协商制度确立60周年之际，为全面掌握各地贯彻落实中共中央2005年颁发《中共中央关于进一步加强中国共产党领导的多党合作和政治协商制度建设的意见》的情况，进一步完善政策措施、健全工作机制、推进制度建设，中共中央办公厅、组织部、宣传部和统战部联合组成七个督查组，分别由杜青林等领导带队，于6月底至7月底对29个省、自治区、直辖市进行督查，取得预期成效，这在多党合作历史上是第一次。

为了坚持和完善多党合作和政治协商制度，中共中央要求各级党委：

要充实完善协商的内容、程序，更好发挥政治协商在民主决策和科学决策中的作用。进一步建立健全民主党派与政府部门对口联系制度、民主党派和无党派人士考察调研制度以及"党委出题、党派调研、政府采纳、部门落实"的工作机制，为民主党派、无党派人士更好地履行参政议政职能创造条件。

要着重探索民主监督的有效形式和实现渠道，在知情环节、沟通环节、反馈环节上建立健全各项制度，完善特约人员工作机制，将民主监督寓于政治协商和参政议政之中，将经常性监督与重大问题监督相结合，使民主监督在社会主义监督体系中的独特优势得到充分发挥。

要更加重视加强党外代表人士队伍建设，目标是建设一支素质优良、数量充足、结构合理的党外代表人士队伍。新中国成立60年来，以社会影响大、道德形象好的社会贤达、各界名流为主体的党外代表人士队伍，发生了很大变化，新一代党外代表人士正在茁壮成长。这支队伍的培养规律并不等同于中共干部队伍的培养规律,但有一些通用原则。因此要探索建立综合评价体系,制定长远发展规划,完善培养教育、选拔任用、合作共事、监督管理机制等,创造良好条件,做好多党合作事业可持续发展的基础工程。

2010年1月,在党外人士迎春座谈会上,胡锦涛希望各民主党派把树立和践行社会主义核心价值体系作为中国特色社会主义主题学习教育的深化和延伸,牢固树立中国特色社会主义共同理想,不断巩固共同团结奋斗的思想政治基础。

中共中央要求各级党委坚持"自觉、自主、自为"、坚持"和而不同"、"兼容并蓄"原则,支持民主党派开展社会主义核心价值体系学与行活动。贾庆林、李长春等做出重要批示,希望紧紧围绕主题,丰富活动内容,突出自身特色,创新形式载体,取得更大成效。杜青林多次提出,要准确把握社会主义核心价值体系丰富的科学内涵和时代要求,以认识深化增进行动自觉,使之真正成为广大民主党派人士的心灵坐标和价值追求。

各民主党派中央深刻领会,学习研讨,求得共识。民主党派各级组织长期规划,抓好落实。以弘扬先辈的崇高精神引领广大成员,以树立和宣传身边典型营造积极向上的氛围。一系列主题活动扎实开展。

多党合作,唯此根本。站在历史的高度,着眼多党合作的长远战略,共产党与各民主党派共同推动社会主义核心价值体系学与行活动,再一次谱写了同舟共济、肝胆相照的新篇章。

2010年10月7日,国庆假期最后一天的北京,从午后时分到华灯初上。

在建设中原经济区汇报座谈会上,各民主党派中央与全国工商联的领导,与河南省委、政府、人大、政协四个部门的一把手相对而坐,共议中原发展。

中原战略地位突出,自古就有"逐鹿中原"、"得中原者得天下"之说。如何让中原经济区的构想尽快上升到国家战略,在促进全国区域的协调发展中发挥更大的作用,始终是大家关注的焦点。尽管多数与会领导都曾多次到过河南,前来参加会议的他们还是做足了"功课",每个人带到会场的文字材料都有数千字之多。谈起中原经济区,领导们放下讲稿"放开了说",推心置腹,情真意切。会议没有中场休息,甚至省去了主持人"串词"的环节,原定2个小时的会议不知不觉在延长,一直开了近4个小时。

中共河南省委书记卢展工最后表态:"很受鼓舞、很受鞭策、很受教育、很受启发、很受感动。"

2011年1月,国务院印发《全国主体功能区规划》,中原经济区正式纳入规划,标志着中原经济区建设已正式上升到国家战略层面。

中原兴则中部兴,中部兴则中华兴。

这是多党合作、共谋发展的一个缩影。

山城重庆,暖意融融,红歌响亮。

重庆是抗日民族统一战线的前哨地,是中国民主党派的主要发祥地,是中国政治协商的诞生地,在这块土地上留下了多党合作的宝贵记忆。

为纪念中国共产党成立90周年,缅怀老一辈民主人士与中国共产党肝胆相照的高风亮节,憧憬多党合作制度的美好未来,2011年3月28至29日,各民主党派中央、全国工商联领导人和无党派人士代表齐聚重庆,参加统一战线"重温历史,同心同行"主题教育活动,亲践先辈足迹,再沐先贤风范。

重庆见证了民主党派与共产党人一道为了国家的民主进步英勇奋斗的时刻。红岩村鲜花竞放,民主党派先辈与中国共产党人的亲密交往历历在目。歌乐山枝繁叶茂,有27位民盟盟员、3位农工党员长眠于此。

上清寺路口,新扩建完成的"中国民主党派历史陈列馆"里,展板、文物记录着那段风雨同舟的光荣历史,视频、音像资料呈现着戮力同行的伟大征程。这座占地面积近8000平方米的恢弘建筑,其前身是抗战时期和抗战胜利前后中共与各民主党派的重要活动场所特园。

纪念座谈会上,杜青林、周铁农、蒋树声、张榕明、罗富和、桑国卫、王钦敏、韩启德、林文漪、谢经荣、陈章良等发言,追寻红色记忆,感悟今昔变化,畅谈远大前程。

承前启后,继往开来,铭记胡锦涛在2011年年初党外人士迎春座谈会上的一番话语:中国共产党成立以来90年波澜壮阔的历史和实践充分证明,思想上同心同德、目标上同心同向、行动上同心同行,是中国共产党领导的多党合作和政治协商制度最鲜明的特质,是我们不断夺取革命、建设、改革事业胜利的有力保证。

尾 声

古罗马政治家西塞罗说过：不知道他出生前发生过的事情的人永远是个孩子。

1924年6月，中国人尚在黑暗中看不到脚下的路，正寻找火把照亮自己远行。

此时，印度伟大的诗人泰戈尔第一次来华访问，他对中国知识群体说了一段话：你们拥有伟大的古代智慧，你们具有圆满的哲学思维，而这些都是当今世界最需要的；如果你们只是简单地模仿西方人，用西方的宇宙观、国家观、人生观来武装自己，有朝一日虽然你们以为自己独立了，但实际上你们是被征服了。

2009年圣诞节前夜，法国时事周刊《视点》推出中国特刊，从客观的角度展示一个真实的中国。其中，汉学家西里尔·雅瓦里（Cyrille J‑D Javary）先生对"共产党"一词的理解颇有新意："共"代表"共同的，给所有人的"，"产"表示"产能或者生产方式"，"党"代表"政党"。中国共产党在1921年创立的时候，就将它定义为"为全民谋求共同生产方式的政党"；今天可以理解为"领导中国为全世界生产产品的政党"。

任何时候看任何事情，在于时，在于人，而不在于景物本身。

90年前,当中国共产党人开始领导中国革命时,也许没有多少人相信,在短短的28年后,中国革命就在共产党的领导下取得了胜利,并从根本上改变了世界四分之一人类的命运;在其后60余年社会主义建设历程中,共产党执政的中国又以她对社会主义理想百折不挠的追求、坚持不懈的实践和举世瞩目的成就,为五千年的华夏文明注入了新的基因,使中国由贫穷落后走向小康之路,同时也极大地影响和改变着世界历史的发展历程。

这是因为中国从没有在外来压力面前低过头,因为中国相信自己的发展道路。

改革开放30年,中国走过了不平凡的历程,创造出全新的现代化之路,成为影响世界的巨大存在。同样是面临席卷全球的金融危机的冲击,中国顺势飞扬、逆势也飞扬的非凡表现,吸引了世界的目光。

中国的优异表现引发了全球的研究,但这些研究都有一个共同的缺陷:回避了政治制度的作用。

政党关系着普通民意的集中、政策的制定以及政府的有效治理,中国真正与众不同的特色是有效的多党合作和政治协商制度,这是中国成功的重要原因。

一代人走过的路应浓缩为历史的坐标,一个智慧的民族应及时审察前人的脚印。

回望多党合作走过的路程,那一个个清晰而坚定的跨越值得骄傲!

每一次跨越都充分说明:多党合作和政治协商制度从理论的奠定、格局的形成、方针的确立,到上升为国家意志,直至制度、规范、程序的完善,已经屹立于世界政党制度之林。

每一次跨越都全面展示:中国共产党及其领袖们创造性地运用马克思主义政党理论,从中国国情出发,从实现最广大人民群众的根本利益出发，总结经验教训，汲取文明精髓，会聚多方智慧，顺应时代潮流，形成了中国特色、中国流派、中国气度的政党理论体系。

每一次跨越都启示我们：应该变的，必须改变，不变则衰；不该变的，决不能变，变则自我瓦解。

邓小平曾经说过，到21世纪20年代中国共产党建党100周年的时候，我国将形成一整套更加成熟更加定型的制度。多党合作制度作为我国的一项基本政治制度，自然也包括在内。

今天，中国共产党领导中国人民在建设中国特色社会主义的道路上，不断开创社会主义现代化建设的新篇章，为中华民族的伟大复兴而奋进。

昨天的一切，包括那些昂贵的代价，都是为了明天的发展和明天的辉煌。也因此，应珍重成就，也谨记失误，更满怀信心地走向明天。

中国的道路从来就不平坦，但最终将开创一条前无古人的道路，并贡献出人类历史上全新的更具进步意义、更能给世界带来和平、平等与发展的价值观。

大江东去，顺势者昌。

主要参考文献

[1] 朱江燕：新中国成立初期的党派关系，《上海党史与党建》2010年第5期
[2] 汪朝光：抗日战争胜利后中国中间党派的政治抉择，《学术月刊》2009年第2期
[3] 汪朝光：民国成立初期的西式民主政治实验及其挫折，《团结报》2010年11月10日
[4] 马勇：抗战时期有关三民主义的论争，《团结报》2010年1月21日
[5] 韩亚光：近代中国的两种趋势，《团结报》2010年4月29日
[6] 林尚立：政党、政党制度与现代国家，《中国延安干部学院学报》2009年第9期
[7] 李大钧，李大宏：辛亥革命与孙中山政党政治思想，《团结报》2008年9月26日
[8] 常保国：多党合作的历史起源：1944—1949年中共的"联合政府"主张及其践行《政法论坛》2008年7月
[9] 童庆平：抗美援朝运动中的民主党派政治参与和贡献，《重庆社会主义学院学报》2010年第4期
[10] 何蜀："文化大革命"中的民主党派，《二十一世纪》1998年10月
[11] 王智、许晓斌：当代中国60年来党际关系的变迁，《湖北行政学院学报》2010年第1期
[12] 李嘉：党际关系六十年，《上海致公》2009年第8期
[13] 吴映梅：论中共中央南方局对知识分子的统战工作，《重庆社会主义学院学报》2010年第2期
[14] 王锋：抗战时期中共对国统区知识分子的统战工作，《重庆社会主义学院学报》2009年第6期
[15] 王胜军：论民主党派的立场与使命，《浙江社会主义学院参政党建设研究中心论文》2010年9月